दिल्ली के ऐतिहासिक
गुरुद्वारे

दिल्ली के ऐतिहासिक
गुरुद्वारे

एम. के. पाल

प्राक्कथन: डॉक्टर जसपाल सिंह

अनुवाद

बाल किशन बाली

बहुवचन

नियोगी बुक्स

An imprint of Niyogi Books

प्रकाशक

नियोगी बुक्स

ब्लॉक-डी, बिल्डिंग नं. 77
ओखला औद्योगिक क्षेत्र, फेज़-1
नई दिल्ली-110020, भारत
दूरभाष: 91-11-26816301, 26818960
ईमेल: niyogibooks@gmail.com
www.niyogibooksindia.com

डिज़ाइनः शशि भूषण प्रसाद

ISBN: 978-93-86906-68-7
प्रकाशन वर्षः 2019

मुद्रकः नियोगी ऑफसेट प्राईवेट लिमिटेड, नई दिल्ली, भारत

यह पुस्तक सिख मूल्यों में गहरी आस्था रखने वाले बहुमुखी
प्रतिभाशाली लेखक सरदार खुशवन्त सिंह को समर्पित है।

ਸ੍ਰੀ ਹਰਿਕ੍ਰਿਸ਼ਨ ਧਿਆਈਐ ਜਿਸੁ ਡਿਠੈ ਸਭਿ ਦੁਖਿ ਜਾਇ

ईश्वर ने स्वयं को बनाया और एक नाम ग्रहण किया, स्वयं के अतिरिक्त उसने प्रकृति की संरचना की, और फिर उसी प्रकृति में निवास करते हुए वह स्वयं की संरचना को निहारते हैं।

—गुरु नानक आसा-दी-वार 1:3

यहाँ निम्न से निम्न जातियाँ मौजूद हैं।
नानक, मैं उनके साथ जाऊँगा. महान लोगों के बीच मेरा क्या कामय़
ईश्वर की दया-दृष्टि निर्बल का ध्यान रखने वालों पर ही होती है।

—गुरु नानक : श्री राग

ना मैं हज जाता हूँ, ना काबा,
और ना ही मैं किसी तीर्थस्थान पर जाकर पूजा करता हूँ।
मैं केवल एक ईश्वर को पूजता हूँ, और किसी को नहीं।

—गुरु अर्जन देव

जिसे ईश्वर की कृपादृष्टि प्राप्त होती है,
वही आध्यात्मिक जीवन के रहस्य को समझ पाता है,
सयेथ नानक रू इस तरह के मनुष्य की आत्मा ईश्वर के साथ ठीक उसी तरह घुल जाती है,
जिस तरह पानी-पानी में घुलता है।

—गुरु तेगबहादुर द्वारा सुनायी गई प्रार्थना : राग सोरठ

वही ईश्वर मंदिर और मस्जिद में रहता है।
हिन्दुओं ने उसकी पूजा की और मुसलमानों ने उससे प्रार्थना की।
सभी मनुष्य एक हैं, केवल उनके रूप भिन्न हैं,
देव, दैत्य, यक्ष और परमात्मा।
मुसलमान और हिन्दू सभी एक हैं,
मनुष्य जिस वातावरण में रहता है उसे आत्मसात कर लेता है,
सबके पास एक समान आँखें, कान और शरीर हैं,
सभी एक समान मिट्टी, वायु, आग और पानी से बने हैं,
अल्लाह और ऐबक उसी के नाम हैं।
पवित्र पुराण और कुरान उसी की पूजा करते हैं,
वे सभी एक ही प्रकृति से बने हैं,
उन्हें बनाने वाला भी एक ही है।

—गुरु गोबिंद सिंह : अकल उस्तात

ੴ

मूल मंत्र

ੴ

ਸਤਿਨਾਮੁਕਰਤਾਪੁਰਖੁਨਿਰ

ਭਉਨਿਰਵੈਰੁਅਕਾਲਮੂਰ

ਤਿਅਜੂਨੀਸੈਭੰਗੁਰਪ੍ਰਸਾ

ਦਿ ॥ਜਪੁ॥ ॥ ॥

एक ओंकार सत नाम कर्ता पुरख निर्भौ निर्वैर
अकाल मूरत अजूनी सैभन गुर परसाद

मूल मंत्र, गुरु नानक के धार्मिक दर्शन का मूलभूत सिद्धांत है, इसे जपजी की शुरुआत में ही लिखा गया है। इस मूल मंत्र को दो पहलुओं में विभाजित किया जा सकता है। पहला पहलू है एक ओंकार, जो अपने निरपेक्ष मूल्य की घोषणा करता है कि ईश्वर ही सम्पूर्ण अस्तित्व का एकमात्र और सर्वोच्च स्वामी है। दूसरा पहलू परम वास्तविकता के सात मूल्यों को दर्शाता है, जैसा कि मूल मंत्र में भी क्रमानुसार दिया गया है। ये हैं : सत् नाम (अनंत सत्य), कर्ता पुरख (सृष्टिकर्ता और एक सम्पूर्ण पूरक), निर्भौ-निर्वैर (जो किसी से नहीं डरता और जिसका कोई शत्रु नहीं है), अकाल-मूरत (समय से परे व्यक्तित्व के साथ एक अमर), अजूनी (जो ना तो मरता है और ना पुनर्जन्म लेता है), सैभन (जो स्वयंभू है), और गुर परसाद (जिसे तभी अनुभव किया जा सकता है, जब गुरु की अनुमति हो)

(संदर्भ : नरेंद्र सिंह कोहली, धुर की बानी : नितनेम)

विषय-सूची

प्राक्कथन

डॉ. एम. के. पाल एक नामी विद्वान हैं, जो पहले कला और संस्कृति संबंधी कई परियोजनाओं पर कार्य कर चुके हैं। 'दिल्ली के ऐतिहासिक गुरुद्वारे' शीर्षक की उनकी नई पुस्तक दिल्ली के ऐतिहासिक गुरुद्वारों के दर्शन की एक निष्पक्ष और वर्णनात्मक यात्रा का उल्लेख करती है।

उनके कार्य का मुख्य उद्देश्य इस बात पर ध्यान केन्द्रित करना है कि कैसे ऐतिहासिक गुरुद्वारे सिखों के मन और मानसिकता में सिख धर्म की स्थायी भावना को पुनर्जीवित करते हैं!

डॉ.पाल ने अपनी पुस्तक में उपयुक्त घटनाओं और इन गुरुद्वारों से जुड़े विद्वानों का उल्लेख किया है। उन्होंने सिखों के इन तीर्थों की भव्यता और महिमा का संक्षिप्त और सुसंगत वर्णन किया है। उनके लेखन का एक महत्त्वपूर्ण पक्ष यह है कि कैसे गुरुओं ने धार्मिक सीमाओं एवं परम्परागत रूढ़ियों से मुक्त आदर्शपूर्ण एक नूतन समाज की घोषणा की थी, जिसमें कोई भेदभाव नहीं था।

सिख धर्म के संस्थापक गुरु नानक उस समय प्रचलित सभी प्रकार की सामाजिक बुराइयों, विशेषतः विभिन्न धर्मों से संबंधित, का खंडन करते हुए प्रभावशाली और विवेकपूर्ण ढंग से उन्हें समाप्त करने के लिए प्रतिबद्ध रहे। उनके इस मिशन को उनके परवर्ती गुरुओं ने आगे बढ़ाया। उन्होंने विभिन्न संस्थानों की नींव रखी और सिखों द्वारा अनुशासन का पालन करने के लिए आचार संहिता की स्थापना की। मुझे आशा है कि ये सभी पहलू, जिनके विषय में भलीभांति शोध करके यहाँ शामिल किया गया है, पाठकों के मस्तिष्क पर गहन छाप छोड़ेंगे।

—डॉ. जसपाल सिंह

उपकुलपति, पंजाबी विश्वविद्यालय, पटियाला

प्रस्तावना

दिल्ली के ऐतिहासिक गुरुद्वारे नामक इस पुस्तक का उद्देश्य एक महान धर्म - सिख धर्म के अनुयायियों को इन तीर्थस्थलों के ऐतिहासिक और सामाजिक-सांस्कृतिक महत्त्व की उचित जानकारी प्रदान करना है। एक धर्म के रूप में सिख धर्म ने शांति, प्रेम, एकता, राष्ट्रीय एकीकरण और विश्वव्यापी भाईचारे की अवधारणाओं को बढ़ावा देने में महत्त्वपूर्ण योगदान दिया है। इस पुस्तक का उद्देश्य भविष्य में यहाँ आने वाले तीर्थयात्रियों और आगंतुकों को इस विषय पर आवश्यक जानकारी प्रदान करना भी है। ये गुरुद्वारे शहर के विभिन्न हिस्सों में स्थित हैं और सिख इतिहास के अनुसार इन गुरुद्वारों में समय-समय पर गुरुओं ने आकर अपने पावन चरणों से इन्हें पवित्र किया है।

दिल्ली के ऐतिहासिक गुरुद्वारों की एक सूची उनके निर्माण की अवधि के अनुसार निम्नलिखित है:

1. गुरुद्वारा नानक प्याऊ साहिब
2. गुरुद्वारा मजनू टीला साहिब
3. गुरुद्वारा बंगला साहिब
4. गुरुद्वारा बाला साहिब
5. गुरुद्वारा सीस गंज साहिब
6. गुरुद्वारा रकाब गंज साहिब
7. गुरुद्वारा मोती बाग साहिब
8. गुरुद्वारा दमदमा साहिब

सामने का पृष्ठ:
खालसा का प्रतीक चिन्ह-खंडा, जो सिख धर्म के सर्वाधिक महत्वपूर्ण प्रतीक चिन्हों में से एक है।

पृष्ठ 10-11:
गुरुद्वारा बंगला साहिब के सरोवर के साथ का एक दृश्य, यह सरोवर अमृतसर के हरिमंदिर (स्वर्ण मंदिर) के सरोवर के आधार पर बना है।

9. गुरुद्वारा माता सुन्दरी
10. गुरुद्वारा बाबा बंदा सिंह बहादुर

यहाँ उल्लेखनीय यह है कि क्रमांक 1-8 के गुरुद्वारे केवल ऐतिहासिक गुरुद्वारे ही नहीं हैं, अपितु उन्हें गुरुओं के पावन चरणों से पवित्र किये जाने वाले ऐतिहासिक तीर्थों के रूप में भी जाना जाता है, जबकि क्रमांक 9-10 के अंतिम दो गुरुद्वारे ऐतिहासिक हैं लेकिन इन्हें ऐतिहासिक तीर्थस्थान का दर्जा नहीं दिया जाता, क्योंकि इन दोनों गुरुद्वारों में किसी भी गुरु के पावन चरण नहीं पड़े ।

दिल्ली के इन ऐतिहासिक गुरुद्वारों का गहन अध्ययन करने से पहले शायद उन परिस्थितियों को समझ लेना उचित होगा जिनके कारण इस धर्म का जन्म हुआ था और गुरु नानक ने भी कहा था : "इस सिद्धांत को अमल में लाना है कि निम्नतम भी सर्वोच्च के ही बराबर है, चाहे वो जाति में हो या समुदाय में, राजनीतिक अधिकारों में हो या धार्मिक आशाओं में।"

पंद्रहवीं शताब्दी में परिस्थितियाँ

सिख धर्म के संस्थापक गुरु नानक का जन्म पंद्रहवीं शताब्दी के उत्तरार्द्ध में सन् 1469 में हुआ था। यह समय देश में अत्यधिक सामाजिक और धार्मिक उत्तेजना और राजनैतिक अस्थिरता का युग था।

गुरु नानक, सिखों के प्रथम गुरु और सिख धर्म के संस्थापक (1469-1539 ईस्वी)

गुरु नानक से पहले वल्लभाचार्य, चैतन्य महाप्रभु, कबीर, नामदेव और मीराबाई जैसे कुछ धार्मिक सुधारकों और संतों ने धार्मिक कर्मकांड से मुक्ति पाने के लिए सराहनीय काम किया और अनेक प्रकार से साहित्य को समृद्ध बनाया किंतु इनमें से अधिकतर ने जीवन को व्यर्थ मानकर एक नए सामाजिक परिवेश का निर्माण करने के बारे में नहीं सोचा था। वह गुरु नानक ही थे, जिन्होंने सामाजिक सुधार के उचित सिद्धांतों की आवश्यकता का अनुभव किया और सभी वर्गों के लोगों के बीच समानता की भावना के आधार पर एक विस्तृत-व्यापक धर्म की नींव

रखी। गुरु नानक का नया धर्म न केवल एक विशेष समुदाय, बल्कि सम्पूर्ण मानवता की भलाई के लिए भी था।

पंद्रहवीं शताब्दी में भारत में धर्म का पतन हो रहा था। कर्मकांड और औपचारिकता को अनावश्यक महत्त्व हिन्दू धर्म के लिए अभिशाप बन गया था, जिसने भ्रष्टाचार, पाखंड, और भ्रम को जन्म दिया। इससे शक्ति कुछ लोभी और स्वार्थी पुजारियों के हाथों मे आ गई और वे उन पर आस्था रखने वाली अनपढ़ और सीधी सादी जनता का फ़ायदा उठाने में भी नहीं हिचकते थे। हिन्दू समाज को ब्राह्मण, क्षत्रिय, वैश्य और शूद्र नाम की चार जातियों में बांट दिया गया था। समाज में एकमात्र ब्राह्मण वर्ग को सम्मान प्राप्त था। शूद्रों को कोई सम्मान प्राप्त नहीं था। जाति व्यवस्था स्वयं ही बिगड़ रही थी। परिस्थितियाँ और भी विपरीत हो गईं जब निम्नतम वर्ग के लोगों ने अपने शासकों के विरुद्ध मुस्लिम आक्रमणकारियों की सहायता की।

पंद्रहवीं शताब्दी में पंजाब में मुसलमान भी इस जाति प्रथा की ऊँच-नीच से पीड़ित थे। वे शिया और सुन्नी समुदायों में बंट गये थे। उनके बीच बाह्यवाद और प्रथावाद बढ़ रहे थे। पैगंबर मोहम्मद पर विश्वास करने वाली आम जनता के बल पर मुल्ला और काज़ी फल-फूल रहे थे। हालाँकि मुस्लिम समुदाय में जाति प्रथा की बुराइयाँ हिन्दुओं की अपेक्षा कम अवश्य थीं, किंतु उनके धर्म को भी सुधारों की आवश्यकता थी।

समाज में हिन्दुओं को विभिन्न जातियों और उप-जातियों में विभाजित किया गया था। ऐसे समाज के लिए विदेशी आक्रमणकारियों (विशेष रूप से पंजाब के माध्यम से दिल्ली जाने वाले अरब, तुर्क और पठानों) का सामना करना कठिन था। मुस्लिम शासकों ने सभी ग़ैर-मुसलमानों पर जजिया नामक तीर्थयात्रा कर लगाया और उन्हें बहुत अपमानित किया। दूसरी ओर मुस्लिम फ़कीरों के लिए उन सभी लाभों और विशेष सुविधाओं को बढ़ा दिया गया जिनसे हिन्दू साधु वंचित थे। इस प्रकार ग़ैर-मुस्लिम एवं मुस्लिमों के बीच पूरी तरह से सामाजिक अलगाव पैदा हो गया था और आम लोगों के बीच हताशा। अब एक ऐसे महान नेता के उदय होने का समय आ गया था जो ग़ैर-मुसलमानों के बीच समानता और स्वतंत्रता की भावना पैदा कर सके।

राजनैतिक क्षेत्र में भी परिस्थितियाँ अच्छी नहीं थीं। लोदी साम्राज्य का तेजी से पतन होता जा रहा था और बाबर देश में मुग़ल साम्राज्य की नींव स्थापित करने में लगा

था। कुछ हिन्दू ज़मींदारों द्वारा किये गये विरोध से चिढ़कर बाबर ने लोगों के व्यापक नरसंहार का आदेश दिया और एक बड़ी संख्या में महिलाओं को अपना गुलाम बना लिया। एक जानकारी के अनुसार, "उस समय राज्य में उपस्थित गुरु नानक के साथ भी क्रूर व्यवहार किया गया और उन्हें लूटी गयी संपत्ति को ढोना पड़ा था." (2)

ये तथ्य पंद्रहवीं शताब्दी के एक अँधेरे पक्ष को उजागर करते हैं लेकिन इसी शताब्दी में ना केवल भारत में, बल्कि पूरे विश्व में हुई अनेक महत्त्वपूर्ण घटनाओं को याद रखना भी आवश्यक है। उत्तर प्रदेश में रविदास और कबीर (1440-1518 ईस्वी), महाराष्ट्र में संत नामदेव और एकनाथ (1528-1603 ईस्वी) और गुजरात में नरसी मेहता जैसे संतों के नेतृत्व में भारत में एक आध्यात्मिक पुनर्जागरण शुरू हुआ। गुरु नानक के समकालीन संत कवियों में उल्लेखनीय हैं: वल्लभाचार्य (1479-1503 ईस्वी) जिनके गुजरात और राजस्थान में एक बड़ी संख्या में अनुयायी थे; चैतन्य महाप्रभु (1486-1533 ईस्वी) जो उड़ीसा में सक्रिय थे और उन्होंने अपने प्रांत के लोगों को धार्मिक भक्ति के लिए जागृत किया; मीराबाई (1499-1570) - इनका जन्म राजपूताना के एक शाही परिवार में हुआ था, और महान कवि संत तुलसीदास (1533-1624 ईस्वी) जिनका जन्म उत्तर प्रदेश में हुआ था, और उनकी अमर कृति 'रामचरित मानस' ने लोगों के जीवन में एक महान आध्यात्मिक क्रांति का प्रसार किया था।

यद्यपि इन संत कवियों ने अपने-अपने क्षेत्रों को प्रभावित किया था, लेकिन इनमें से किसी ने भी अपने दर्शन और विचारधारा के प्रसार के लिए किसी दूसरे देश की यात्रा नहीं की। गुरु नानक ऐसे पहले संत थे जिन्होंने 40,000 किलोमीटर से अधिक की यात्रा की और अपने सन्देश को कई देशों के लोगों के बीच फैलाया (डॉ. हरजिंदर सिंह दिलगीर: सिख त्वारीख़)।

पंद्रहवीं शताब्दी में यूरोप में भी कई महत्त्वपूर्ण घटनाएं हुईं। वो एक विशाल बौद्धिक और आध्यात्मिक क्रान्ति थी। उस समय विभिन्न शोध और आविष्कार हुए, जैसे 1492 ईस्वी में कोलंबस द्वारा अमेरिका की खोज, 1497 ईस्वी में वास्को-दा-गामा का समुद्री मार्ग से भारत आना, कॉपरनिकस (प्रसिद्ध खगोलविज्ञानी : 1473-1543 ईस्वी) द्वारा पृथ्वी द्वारा सूर्य की परिक्रमा करने का सिद्धांत प्रतिपादित करना।

1450 ईस्वी में प्रिंटिंग प्रेस के आविष्कार ने एक महान आन्दोलन को जन्म दिया जिसे पुनर्जागरण के रूप में जाना जाता है। बाद में मार्टिन लूथर (1483-1546 ईस्वी) ने पतित रोमन कैथोलिक ईसाइयों के विरुद्ध विद्रोह का आगाज़ किया और ईसाई धर्म के अंतर्गत एक सुधार आन्दोलन की शुरुआत की। इसे सोलहवीं शताब्दी की प्रसिद्ध धार्मिक क्रान्ति के रूप में जाना जाता है। इतिहासकारों का मत है कि दक्षिण एशिया में गुरु नानक और ईसाई धर्म में लूथर द्वारा प्रस्तावित सुधारों के बीच एक प्रकार की समानता मौजूद है।

सोलहवीं शताब्दी की शुरुआत में जब गुरु नानक युवावस्था की दहलीज लांघ रहे थे, उस समय पंजाब दिल्ली के विशाल साम्राज्य का एक छोटा सा हिस्सा था जिस पर लोदी वंश (1451-1526 ईस्वी) का शासन था। उस समय का परिदृश्य उथल-पुथल और भ्रम से भरा हुआ था। लगातार अत्याचार और ख़ून-ख़राबे के दृश्य देखने को मिलते रहते थे। राष्ट्र पूरी तरह से कमज़ोर पड़ गया था और बिखरा हुआ था। शासक जैसे न्याय और ईमानदारी पूरी तरह से भूल चुके थे। राजनैतिक, सांस्कृतिक और धार्मिक स्थिति चिंताजनक बनी हुई थी। उस आपातकाल को जी रहे गुरु नानक ने तत्कालीन शासकों की कड़ी आलोचना की।

उन्होंने कहा:

कलयुग एक खिंची हुई तलवार है,
राजा क्रूर कसाई बन गये हैं..
न्याय पंख लगाकर जैसे कहीं उड़ गया है।
झूठ की इस अँधेरी रात में, सच्चाई का चन्द्रमा दिखाई नहीं देता,
मैं परेशान हूँ, और इस अँधेरे में मुझे कोई रास्ता नहीं दिख रहा है। (3)

अशिक्षित और पिछड़ी हुई जनता अंधविश्वासों में घिरी हुई थी। वो पूर्वाग्रहों में विश्वास करती थी। हिन्दू और इस्लाम दोनों धर्मों की भावनाएँ औपचारिकताओं और बाह्य प्रथाओं के आडंबर में छिप गयीं थी। अत्याचार अपनी चरम सीमा पर था - शक्ति का अत्याचार, रूपों का अत्याचार और नामों का अत्याचार। (4)

मुसलमान राजा को "जिल-ए-इलाही" अर्थात "पृथ्वी पर परमेश्वर की छाया" माना जाता था। मुस्लिम जनता को राज्य में सर्वाधिक वरीयता दी जाती थी। केवल वही कार्यालयों में उच्च पदों पर आसीन होने के हक़दार थे। इसके अतिरिक्त उन्हें अन्य कई प्रकार की रियायतें दी गयीं थीं। दूसरी ओर ग़ैर-मुस्लिमों को काफ़िर माना जाता था। उन्हें जजिया (तीर्थयात्रा कर) जैसे अतिरिक्त करों का भुगतान करना पड़ता था। आमतौर पर मुसलमानों ने कुछ विशेष अधिकारों का आनंद लिया था लेकिन उनमें से केवल ऊच्च वर्ग के लोग गरीबों और निम्न स्तर के लोगों का शोषण कर विलासितापूर्ण जीवन जीते थे। मुसलमान ग़ैर-मुसलमानों को अपना दास मानते थे और उनके साथ अत्यंत घिनौना व्यवहार करते थे।

कुल मिला कर लोगों ने अपना आश्रय खो दिया था। वे निर्धन, अशिक्षित और अंधविश्वासों से घिरे थे। शासकों द्वारा किये जा रहे अमानवीय व्यवहार ने उनसे उनका आत्मसम्मान छीन लिया था। धर्म ने अपनी पवित्रता खो दी थी और नैतिक मानकों को पूरी तरह से त्याग दिया गया था। चारों तरफ़ राजनैतिक अराजकता, सामाजिक अव्यवस्था और आध्यात्मिक गुलामी का बोलबाला था। उस युग में हो रहे अत्याचार और धार्मिक कट्टरता के सामने धार्मिक सहिष्णुता की समृद्ध परम्परा शक्तिहीन थी। इस तरह के अत्याचार और मतभेद अब असहनीय हो चुके थे। योद्धा जीत और भौतिक उन्नति चाहते थे। आक्रमणकारियों को देश की समृद्ध सभ्यता को कुचलने का ज़रा भी पश्चाताप नहीं था। "ऐसा कोई नहीं था जो रिश्वत ना लेता हो या ना देता हो। राजा भी हथेलियाँ गर्म होने के बाद ही न्याय करता है" (5)

दसवीं शताब्दी के बाद से ही मध्य एशिया से अनेक आक्रमणकारियों की फ़ौजें आती रहीं। दिल्ली जाने वाला हाईवे पंजाब से होकर गुज़रता था, इसलिए सबसे अधिक कष्ट इसी प्रांत के लोगों को झेलना पड़ा। इन्हीं परिस्थितियों में परमेश्वर ने लोगों के बीच शांति स्थापित करने और जाति-भेदभाव को त्यागकर मानवता की भावना जागृत करने के लिए पृथ्वी पर गुरु नानक को भेजा। ईश्वर द्वारा सौंपे गये इस दैवी और पवित्र कार्य को पूरा करने की धुन में गुरु नानक ने दूर-दूर तक यात्राएँ कीं। वह गुरु नानक ही थे जिन्होंने सार्वभौमिक भाईचारे, सहिष्णुता, मित्रता और परस्पर स्नेह की नींव रखी। उन्होंने कड़ी मेहनत, ईमानदारी का जीवन, सरल और सादा रहन-सहन, ज़रूरतमंदों

और गरीबों के लिए सहानुभूति, और संतोष जैसे गुणों को अपनाने पर बल दिया। उन्होंने लालच, तृष्णा और अत्याचार की निंदा की।

गुरु नानक की यात्राएं और उनका दिल्ली आगमन

अपनी यात्राओं के दौरान गुरु नानक ने अपने संदेश में सभी पंथों के सार का समावेश किया। मानव को अच्छाई और नैतिकता के मार्ग पर चलने का संदेश दिया। उन्होंने लाखों देशवासियों के दिलों में प्रेम और सद्भावना की अग्नि प्रज्वलित की।

लगभग 20 वर्ष की आयु में गुरु नानक को ज्ञान की प्राप्ति हुई और उन्होंने ईश्वर का नाम लेकर दुनिया को बदलने की यात्रा शुरू की। "मैंने सच्चे धर्म की तलाश में अपना घर छोड़ दिया है और जीवन के एक नए रूप का दर्शन करने के लिए इस मार्ग का अनुसरण किया। सत्य का वाहक होने के नाते मैं विश्व में सत्य का प्रसार करने निकला हूँ। मैं धर्म के माध्यम से ही अपने अनुयायियों को इस सांसारिक भवसागर के पार ले जाऊँगा" (6)

उन्होंने मानव जाति की सेवा के माध्यम से ईश्वर की सेवा पर बल दिया। उनकी यात्राओं को उदासियाँ कहा जाता है और ये चार मानी गयीं हैं:

- प्रथम उदासी 1507-1515 ईस्वी
- द्वितीय उदासी 1516-1517 ईस्वी
- तृतीय उदासी 1518-1521 ईस्वी
- चतुर्थ उदासी 1521-1522 ईस्वी

ऐसा प्रतीत होता है कि गुरु नानक ने 1507 से 1522 ईस्वी तक लगभग 15 वर्ष की अवधि में अपनी उदासी यात्राओं को पूरा किया। इस संदर्भ में यह विशेष रूप से उल्लेखनीय है कि गुरु नानक की उदासी यात्राएं एक युगान्तरकारी काल में की गयीं थीं। ये "रोमांच, खोज, अन्वेषण और पुनर्जागरण का समय था। रोमांचक कार्यों और आविष्कारों से ना केवल भौतिक उपलब्धियाँ बढ़ीं, बल्कि उपनिवेशवाद, वर्चस्व, अत्याचार और आक्रमण भी बढ़े। अन्वेषण और पुनर्जागरण द्वारा मानव अस्तित्व और

दमन की प्रणालियों में सुधार हुआ। (7) इसलिए गुरु नानक की उदासियों का उद्देश्य भ्रमित मानवता का ध्यान असत्य और बाहरी आडम्बरों से हटाकर आंतरिक शुद्धि की ओर आकर्षित करना भी था"।

गुरु नानक की पहली उदासी पूर्वतोमुखी थी। जनमसाखी सोधी मेहरबान (लेखक सोधी मेहरबान द्वारा गुरु नानक की प्रारम्भिक जीवनियों और संतचरित लेखों में से एक) के अनुसार गुरु पूर्व दिशा की तरफ़ रवाना हुए और दिल्ली पहुँचे, वहाँ से वे हरिद्वार गये। पुरातन जनमसाखी वलैत वाली (गुरु नानक का पुराना जीवन संबंधी संत साहित्य, वलैत वाली) के अनुसार पूर्व की ओर जाने से पहले गुरु तुलाम्बा (आधुनिक मखदूमपुर, पश्चिमी पाकिस्तान) में गये थे। वहाँ वे एक सज्जन नामक ठग से मिले, जिसने एक रात रुकने के इच्छुक हिन्दू और मुस्लिम यात्रियों को आकर्षित करने के लिए राजमार्ग के पास ही एक-एक मंदिर और मस्जिद बनाये थे। रात के समय वो ठग उन्हें मार डालता और उनका सामान लूट लेता था। गुरु नानक उसके बुरे इरादों को भांप गये और उसकी सराय में रुके। इसी समय गुरु नानक ने अपने साथी मर्दाना को एक भजन गाने के लिए कहा जिसने ठग के दिल को छू लिया। वह गुरु के चरणों में गिर पड़ा, अपने पिछले पापों को कुबूल किया और उनका अनुयायी बन गया। इस घटना के बाद गुरु पानीपत और दिल्ली की तरफ़ बढ़े थे। "लेकिन अधिकांश विद्वानों का मानना है कि जब गुरु ने सुल्तानपुर (जिला कपूरथला, पंजाब) छोड़ा तो वे सीधे पूर्व की ओर बढ़ गये थे और उनका अमिनाबाद (गुजरांवाला तुलाम्बा, पाकिस्तान के निकट पुराना शहर) का दौरा बहुत समय बाद हुआ था"। पानीपत के बाद गुरु ने दिल्ली का दौरा किया और मजनू-का-टीला नाम की एक जगह पर रहे। मजनू एक धार्मिक फ़कीर था और उसका वहाँ काफ़ी प्रभाव था। (8) हालाँकि कुछ विद्वानों का मानना है कि गुरु पहले दिल्ली के बाहरी इलाके में पहुँचे थे जो वर्तमान में आजादपुर (गुड़मंडी) के पास जी.टी. करनाल रोड पर है और उन्होंने वहाँ तीन महीने और तीन दिन के लिए अपना डेरा डाला था। इस शिविर में अपने प्रवास के दौरान वह यमुना नदी के किनारे सूफी फक़ीर, मजनू से उसके आश्रम में मिले थे। इसी जगह को अब मजनू का टीला (चंद्रावल गाँव के पास) के नाम से जाना जाता है।

गुरु नानक की दिल्ली यात्रा लोदी के शासनकाल में राजधानी में महान गुरुओं की मिशनरी गतिविधियों की शुरुआत मानी जाती है। गुरु नानक की दिल्ली यात्रा के

गुरुद्वारा बंगला साहिब परिसर में नवीनीकरण और पुनर्निर्माण कार्य होते हुए।

समय से, "यह महानगर सिख इतिहास से जुड़ा हुआ है, ना केवल इसलिए कि यह सिख समुदाय के जीवन के पहले 300 वर्षों के दौरान राजनैतिक सत्ता का सर्वोच्च स्थान था, बल्कि इसलिए भी कि दस में से पांच सिख गुरुओं ने वास्तव में शहर का दौरा किया था और उनमें से दो गुरुओं का इसी शहर में भौतिक जीवन समाप्त हुआ था"।(9)

आठवें गुरु, गुरु हरकिशन केवल आठ वर्ष के थे जब चेचक के कारण उनकी मृत्यु हो गयी। नौवें गुरु, गुरु तेग बहादुर मुग़ल सम्राट औरंगज़ेब की धार्मिक कट्टरता का शिकार हो गये। "वे धर्म की वेदी पर शहीद हो गये। उन्होंने हिन्दू धर्म की सुरक्षा के लिए अपना जीवन दांव पर लगा दिया था। वे लोगों लिए पूजा करने की स्वतंत्रता के

अधिकार के लिए लड़े थे। उन्होंने हिन्दू धर्म का पूर्ण रूप से विनाश होने और पूरे देश को दर-उल-इस्लाम में परिवर्तित होने से बचाया(10)। 11 नवम्बर, 1675 ईस्वी को सबके सामने गुरु का सिर कलम कर दिया गया था"।

गुरु नानक ने अपने अनुयायियों को सलाह दी कि वे सब संगठित हो जायें और धर्मशालाओं का निर्माण करें, जहाँ वे ना केवल प्रार्थना के लिए एकत्र हो सकते थे, बल्कि धार्मिक और सामाजिक चिंतन के मामलों पर विचार-विमर्श के लिए भी मिल सकते थे। धर्मशालाएं (वस्तुतः धार्मिक स्थान), जिन्हें बाद में गुरुद्वारा (गुरु का दरवाजा या चौखट) कहा जाने लगा। इन्हें अधिकतर जनमसाखी, गुरबिलास और अन्य ऐतिहासिक ग्रंथों में लेखकों द्वारा लेखांकित किया गया था। ऐतिहासिक सिख तीर्थस्थानों का व्यवस्थित अनुसंधान और दस्तावेजीकरण कुछ यात्रियों और पंडित तारा सिंह नरोत्तम, ज्ञानी ज्ञान सिंह और ज्ञानी ठाकुर सिंह जैसे विद्वानों द्वारा उन्नीसवीं शताब्दी के बाद के कुछ हिस्सों में किया गया था, पर उनका अध्ययन मूल रूप से प्रत्येक तीर्थस्थान के ऐतिहासिक पहलुओं पर आधारित था। दिल्ली के ऐतिहासिक गुरुद्वारों के प्रस्तावित अध्ययन का उद्देश्य ना केवल ऐतिहासिक पहलुओं पर, बल्कि इन तीर्थस्थलों के सामाजिक-सांस्कृतिक पहलुओं पर भी ध्यान केन्द्रित करना था, जो सिख धर्म के सिद्धांतों को प्रभावित कर सकता था।

गुरुद्वारा सिखों का पूजास्थल होता है। यह सिख जीवन का धार्मिक, नैतिक, सामाजिक और सांस्कृतिक केंद्र है। कई सामाजिक कार्य, जिन्हें *गुरु ग्रन्थ साहिब* की उपस्थिति में किया जाना चाहिए, अक्सर गुरुद्वारों में ही आयोजित किये जाते हैं। इसलिए गुरुद्वारों का एक मिलन-केंद्र के रूप में उपयोग किया जाता है, जहाँ पर आम मामलों पर चर्चा की जाती है और उन पर निर्णय लिया जाता है। आमतौर पर गुरुद्वारों में जन्म समारोह, नामकरण समारोह, विवाह समारोह और मृत्यु के उपरांत प्रार्थना सभा आदि आयोजित किये जाते हैं।

हालाँकि एक गुरुद्वारे की प्रधान भूमिका एक पूजास्थल के रूप में है, विशेष रूप से संगत के सामूहिक पूजा कार्य। इसीलिए अधिकांश गुरुद्वारों के पास संगत की आवश्यकताओं और धार्मिक समारोहों (गुरु पूरब) जैसे विशेष आयोजनों के लिए विशाल भवन होते हैं।

अमृतसर, स्वर्ण मंदिर का प्रकाश अस्थान।

जहाँ तक गुरुद्वारों की वास्तुकला का सम्बन्ध है, कारसेवा वाले संत, जो कि संत गुरमुख सिंह के समर्पित भवन-निर्माता अनुयायियों का एक समूह है, वे निःशुल्क स्वैच्छिक श्रम और दान के माध्यम से गुरुद्वारों की इमारतों और परिसरों के पुनर्निर्माण और विकास कार्य में लगे हैं, उन्होंने एक डिज़ाइन बनाया एवं लोकप्रिय किया है जिसे सिख वास्तुकला का नाम दिया जा सकता है। यह अमृतसर में स्थित दरबार साहिब के अनुरूप है, किंतु पूरी तरह से उसकी नकल नहीं है। इसके अनुसार गुरुद्वारों के नवनिर्मित या पुनर्निर्मित केन्द्रीय भवनों में वर्गीय आकार के ऊंची छत वाले हॉल, आमतौर पर इनकी दीवारों में बीच में गैलरी और बिलकुल केंद्र में एक वर्गीय प्रकाश स्थान होता है। प्रत्येक गुरुद्वारे में निशान साहिब, सिख पताका होनी अनिवार्य है, जो कि त्रिभुज के आकार और भगवा रंग की होती है लेकिन निहंग सिखों के झंडे गहरे नीले रंग के होते हैं। निशान साहिब एक गुरुद्वारे की सबसे ज़रूरी विशेषता है। गुरुद्वारे के पास एक सरोवर (स्नान करने वाला टैंक) होना भी आजकल प्रचलित हो रहा है।

दिल्ली के अधिकांश ऐतिहासिक गुरुद्वारों में उनकी मूल बनावट वाली इमारत या कलात्मक शैली नहीं बची है, क्योंकि इतने वर्षों में ये गुरुद्वारे क्षतिग्रस्त या नष्ट हो चुके हैं या फिर उनका पुनर्निर्माण हो गया है। विशेषकर वर्ष 1783 ईस्वी में करोरसिंघियन मिस्ल के सरदार बघेल सिंह ने दिल्ली में सात गुरुद्वारों की स्थापना की थी। तब से दिल्ली में ऐतिहासिक गुरुद्वारों के वास्तुशिल्प में निरंतर परिवर्तन और पुनर्निर्माण किया जाता रहा है, इसलिए गुरुद्वारों के भवनों की वर्तमान बनावट में पुरानी वास्तुकला विरासत की कोई भी झलक नहीं दिखायी देती है।

दिल्ली के दस ऐतिहासिक गुरुद्वारों में जाकर शोध करके और अन्य प्रकाशित माध्यमों से एकत्रित किये गये आंकड़े दिल्ली के सिख समुदाय के ऐतिहासिक और साथ ही पुरानी सामाजिक-सांस्कृतिक विरासत के अनगिनत पहलुओं पर प्रकाश डालते हैं।

नानक प्याऊ साहिब

ੴ
ੴ
ਸਤਿਨਾਮੁ ਕਰਤਾ ਪੁਰਖੁ ਨਿਰਭਉ ਨਿਰਵੈਰੁ
ਅਕਾਲ ਮੂਰਤਿ ਅਜੂਨੀ ਸੈਭੰ ਗੁਰਪ੍ਰਸਾਦਿ ॥

ऐतिहासिक पृष्ठभूमि और संबंधित मिथक एवं किंवदंतियाँ

आज़ादपुर (गुड़मंडी) और शक्ति नगर/राणा प्रताप बाग के निकट पुराने जी टी करनाल रोड स्थित गुरुद्वारा नानक प्याऊ साहिब को दिल्ली के सबसे पवित्र स्थानों में से एक माना जाता है, जहाँ गुरु नानक अपनी पहली उदासी के दौरान एक कुएँ के पास पहुँचे थे। ये कुआँ दिल्ली के बाहरी इलाके के एक बगीचे में बना था। माना जाता है कि गुरु नानक ने यहाँ कई दिनों तक शिविर लगाया था और अपने प्रवास के दौरान वे यहाँ बने कुएँ से पानी खींचकर यात्रियों और ज़रुरतमंदों को पिलाते थे। इस पुण्यकर्म के साथ ही सिख धर्म के सिद्धांतों का प्रचार भी किया करते थे। गुरु नानक के आगमन की ख़बर सुनकर बड़ी संख्या में लोग यहाँ आने लगे। प्यासे राहगीरों को अपने हाथों से ताज़ा और ठंडा पानी पिलाने के लिए गुरु नानक ने ना केवल यहाँ एक कुआँ खोदा, बल्कि इसी स्थान पर एक स्थायी प्याऊ की भी स्थापना की जिसे नानक प्याऊ कहा जाने लगा।

जिस बगीचे में गुरु विश्राम करते थे, उसे एक पवित्र स्थल माना जाने लगा और जल्दी ही वह हजारों लोगों के लिए एक तीर्थस्थान बन गया। बगीचे के मालिक ने इस तीर्थस्थल को जनता को दान कर दिया और इसे गुरु नानक तीर्थस्थल कहा जाने लगा। यात्री सर्दियों के दौरान यहाँ रात को और गर्मियों के दौरान दिन में आराम करते थे। उन्हें इस पवित्र कुएँ का ताज़ा पानी और इस पानी से बना भोजन परोसा जाता था। गुरु नानक ने एक धर्म प्रचार का इसे केंद्र बना दिया था। उन्होंने पूर्व दिशा में अपनी आगे की यात्रा शुरू करने के बाद भी अपने शिष्यों में से एक को यहाँ का प्रभार सौंपकर इस काम को ज़ारी रखा। गुरु नानक की इस स्थान पर की गयी यात्रा की पवित्र स्मृति में यहाँ एक गुरुद्वारे की स्थापना की गयी, जिसे गुरुद्वारा नानक प्याऊ साहिब कहा गया। अपने गुरुद्वारा दर्शन में ज्ञानी ठाकुर सिंह कहते हैं :-

सामने का पृष्ठः
गुरु नानक के समय का पुराना कुआँ (प्याऊ) आज भी संरक्षित है।

पृष्ठ 26-27
आज़ादपुर के पास जी. टी. करनाल रोड स्थित गुरुद्वारा नानक प्याऊ साहिब।

"इस तीर्थस्थल का वास्तविक नाम पाउ साहिब था। यहाँ गुरु नानक ने अपने धार्मिक प्रवचन से एक बहुत घमंडी संन्यासिन को विनम्र बना दिया था."(11)

गुरु नानक ने सम्राट सिकंदर लोदी के शासनकाल में दिल्ली की यात्रा की थी। वह एक ऐसा शासक था जिसने हिंदुओं का अत्यधिक उत्पीड़न किया था। देश में उस समय की सामाजिक और राजनैतिक स्थिति को ध्यान में रखते हुए गुरु नानक ने इस तरह के वस्त्र चुने जिन्हें धारण करने से विभिन्न धर्मों और समुदायों के लोगों का ध्यान आकर्षित हो। "उन्होंने एक धर्मप्रचारक के समान एक ही तरह का परिधान रखा, जिसमें एक आम के रंग (पीला) का जैकेट था और जिसके ऊपर वे एक सफेद चादर डालते थे।"(12) गुरु नानक के इंसानियत के लिए प्रेम और सेवा को शायद अल्बर्ट स्वाईत्ज़र के निम्नलिखित शब्दों में बेहतर रूप से लिखा गया है : "दूसरों की तुलना में आपको जो कुछ भी स्वास्थ्य में, प्रतिभा में, क्षमता में, सफलता में, सुखद बचपन में, घर की सामंजस्यपूर्ण परिस्थितियों में मिला है, इसे आपको मामूली नहीं समझना चाहिए। अपने भाग्य का आभार व्यक्त करने के लिए, आपको अपने जीवन का कुछ हिस्सा दूसरों के जीवन को संवारने के लिए बलिदान करना चाहिए। पवित्र गुरु ग्रन्थ में, संत ने धर्मनिरपेक्षता का बेहतरीन चित्रण किया है। वह वास्तव में मानवता के एक अवतार थे। उन्होंने नैतिक मूल्यों पर बल दिया, विशेष रूप से सहानुभूति, धार्मिकता और न्याय पर।"(13)

दिल्ली के बाहरी इलाके के बगीचे में निवास करते हुए एक दिन गुरु नानक ने एक हाथी के मालिकों को उस जानवर के शरीर पर दहाड़ें मार-मारकर रोते देखा, क्योंकि उन्हें लगा कि वो हाथी मर चुका है (जो कि वास्तव में नहीं मरा था)। गुरु ने उनसे पूछा कि जब उनका हाथी मरा ही नहीं है तो वे क्यों रो रहे हैं? यह सुनकर वे बेहद खुश होकर गुरु के सामने नतमस्तक हो गये और अपने घर की तरफ़ निकल गये। कुछ ही समय में ये समाचार सम्राट (सिकंदर लोदी) तक पहुँच गया कि एक ग़ैर-मुस्लिम फ़कीर, जिसे दिल्ली में हिन्दू और मुस्लिम दोनों मानते हैं, ने एक मरे हुए हाथी को जीवित कर दिया है। कुछ दिनों के बाद सम्राट के हाथी की मृत्यु हो गयी और उन्होंने गुरु नानक के लिए सन्देश भेजा कि वे उसके मृत हाथी को पुनः जीवित कर दें। गुरु मुस्कुराये और उन्होंने सन्देश लाने वाले दूत से कहा कि जीवन और मृत्यु तो ऊपर वाले के हाथों में है। कोई भी उसके रहस्यमय तरीकों से छेड़छाड़ नहीं कर सकता। उनके इस जवाब को सुनकर

दूत और उसके साथी चुपचाप घर चले गये। इन कहानियों के पीछे का सत्य जो भी हो, पर ये माना जा सकता है कि गुरु नानक ऐसे किसी भी चमत्कार (करामात) के प्रदर्शन के ख़िलाफ़ थे, जो परमेश्वर की इच्छा के अनुरूप न हो।

वास्तुकला की विशेषताएँ: एक विवपण

गुरुद्वारे की वर्तमान इमारत उसी स्थान पर बनी है, जहाँ गुरु नानक पहले एक कुएँ (प्याऊ) के पास पहुँचे थे। 1960-62 में धरम सिंह और विवेक सिंह (स्थानीय निवासियों) द्वारा अपने स्वर्गवासी माता पिता की याद में यह गुरुद्वारा बनाया था। इसे तोड़ने के बाद, बाबा हरबंस सिंह कार सेवावाले (अप्रैल 2011 में स्वर्गवास) ने नई

जी. टी. करनाल रोड वाले प्रवेश-द्वार से गुरुद्वारा नानक प्याऊ साहिब के शानदार गुम्बद और खुली चारदीवारी का दृश्य।

गुरुद्वारा नानक प्याऊ साहिब का प्रकाश स्थान।

स्वर्गीय बाबा हरबंस सिंह कारसेवा वाले, जिनका देहांत अप्रैल 2011 में हो गया।

इमारत की स्थापना की। 1976 में प्रकाशित एक पुस्तक में दी गई भवन की एक तस्वीर के आधार पर यह कहा जा सकता है कि गुरुद्वारे की पिछली इमारत एक-मंज़िला थी, जिसकी चारदीवारी और एक बड़ा प्रवेश द्वार था। स्वर्गीय सरदार दर्योध सिंह, जो कि उस इलाके के सबसे पुराने निवासी थे, के अनुसार पिछले गुरुद्वारे का निर्माण धरम सिंह और विवेक सिंह द्वारा एक ठोस बुनियाद पर किया गया था। 1982 में जब इसे तोड़ा जा रहा था तो स्वर्गीय सरदार दर्योध सिंह ने स्वर्गीय बाबा हरबंस सिंह से आग्रहपूर्वक अनुरोध किया था कि वे इस इमारत को ध्वस्त ना करें। उन्होंने सुझाव दिया कि स्थानीय निवासियों की भावनाओं को ध्यान में रखते हुए पुराने गुरुद्वारे के पास ही एक नई इमारत का निर्माण किया जा सकता है लेकिन उनके अनुरोधों को अनसुना कर दिया गया। गुरुद्वारा नानक प्याऊ साहिब की नई इमारत का निर्माण 1982 में शुरू किया गया था और 1992 में पूरा हुआ। यहाँ इस संदर्भ में ये उल्लेख करना आवश्यक है कि 1783 ईस्वी में तत्कालीन मुग़ल शाह आलम द्वितीय द्वारा सरदार बघेल सिंह को दिल्ली में सात ऐतिहासिक गुरुद्वारों का निर्माण करने की अनुमति दी गयी थी लेकिन सरदार बघेल सिंह द्वारा निर्मित सात ऐतिहासिक गुरुद्वारों की सूची में गुरु नानक प्याऊ का कहीं कोई उल्लेख नहीं है। इसलिए यह माना जा सकता है कि गुरु नानक प्याऊ के स्थल पर गुरुद्वारा बनाने की कोई आवश्यकता नहीं थी, क्योंकि सरदार बघेल सिंह के दिल्ली में एक साल रहने की अवधि के दौरान वहाँ पहले से ही एक गुरुद्वारा मौजूद था।

नवनिर्मित गुरुद्वारा नानक प्याऊ साहिब एक ऊंची छत वाले चौकोर हॉल के रूप में स्थित है, जिसमें एक गोल मध्य-ऊंचाई वाली गैलरी और एक ऊंचा गुम्बद है। *गुरु ग्रन्थ साहिब* (सिखों की पवित्र पुस्तक) हॉल के बीच में चंदोवे से ढंकी सफेद संगमरमर की एक शिला पर विराजमान हैं। गुरुद्वारे के परिसर में दीवारों से घिरा एक विशाल अहाता है, जिसका प्रवेश द्वार जी. टी. करनाल रोड पर है। गुरुद्वारे के पीछे स्थित पवित्र सरोवर भक्तों और आगंतुकों के लिए एक अतिरिक्त आकर्षण का केंद्र है। गुरुद्वारा परिसर में

गुरु नानक के समय में बना पुराना संरक्षित कुआँ (प्याऊ) अभी भी सबसे महत्त्वपूर्ण ऐतिहासिक प्रमाण है। इस कुएँ के पानी को ना केवल पवित्र, बल्कि औषधीय गुणों वाला भी माना जाता है। ऐसा माना जाता है कि जब भक्त यहाँ दिल से कोई प्रार्थना करते हैं तो उन्हें उनका उत्तर ज़रूर मिलता है।

वर्तमान गुरुद्वारा एक ऐसे क्षेत्र में स्थित है जो मूलतः कृषिभूमि का एक हिस्सा था। स्वर्गीय सरदार दर्योध सिंह द्वारा दिये गये विवरण के अनुसार इस क्षेत्र को गाँव राजपुरा पुरानी छावनी के रूप में जाना जाता है। जब वह 1949 में गाँव में आये थे, तो पूरे क्षेत्र को कृषि योग्य भूमि के रूप में सीमांकित किया गया था जिसके मालिक गाँव के लोग थे। समय के साथ, सरकार ने आवासीय कॉलोनियों को स्थापित करने के लिए भूमि का अधिग्रहण करना शुरू कर दिया। 1960 के बाद से इस इलाके में कई आवासीय कॉलोनियाँ बनाई गयीं, जिनमें सबसे महत्त्वपूर्ण हैं - डी.टी.सी. कॉलोनी, सरदार नगर, न्यू गुप्ता कॉलोनी, सी.सी.कॉलोनी, कल्याण विहार, कृपाल आश्रम, ईशर कॉलोनी, पोलो ग्राउंड (पुलिस लाइन के पास) और गुड़मंडी बैंक कॉलोनी। स्वर्गीय सरदार दर्योध सिंह ने ग्रामीणों से कुछ एकड़ जमीन खरीदी थी, लेकिन जब सरकार द्वारा आवासीय उद्देश्य के लिए भूमि का अधिग्रहण करना शुरू किया गया तो स्वर्गीय सरदार दर्योध सिंह की कृषिभूमि को भी अधिग्रहण के लिए अधिसूचित कर दिया गया।

उन्हें कुछ एकड़ ज़मीन रखने की इजाज़त दी गयी थी, जिसका उपयोग उन्होंने सिखों के लिए एक आवासीय कॉलोनी स्थापित करने के लिए किया। इसे अब सरदार नगर के नाम से जाना जाता है। ये कॉलोनी गुरुद्वारा नानक प्याऊ परिसर से बस कुछ गज की दूरी पर स्थित है। स्वर्गीय सरदार दर्योध सिंह 50 वर्षों से अधिक समय तक इस इलाके में रहे। जीवन के अंतिम समय में उन्होंने अपने घर के मंदिर में प्रार्थना करने के लिए खुद को पूरी तरह समर्पित कर दिया था जहाँ *गुरु ग्रन्थ साहिब* विराजमान थे। वे हर दिन गुरु नानक प्याऊ साहिब के दर्शन के लिए जाते थे। वे 87 साल की उम्र में भी क्षेत्र के इतिहास और गुरुद्वारा नानक प्याऊ के पुनर्निर्माण और विकास से जुड़ी गतिविधियों का सारांश स्पष्ट रूप से सुनाते थे। वे शिक्षित व्यक्ति नहीं थे, लेकिन गुरुद्वारा भवनों के पुनर्निर्माण और विकास पर उनकी महत्वपूर्ण टिप्पणियाँ हमारी विशाल सिख विरासत के संरक्षण के बारे में उनकी असली चिंता दर्शाती हैं।

गुरु-का-लंगर, जहां सबके लिए भोजन की व्यवस्था करने की निःस्वार्थ सेवा की जाती है।

बिल्कुल उनके समान विचारधारा वाले पटवंत सिंह (जाने-माने सिख विद्वान) का मानना है:

"जहाँ एक तरफ़ नए गुरुद्वारों का निर्माण करना अच्छा है, वहीं पुरानी इमारतों को नष्ट करना एक मूर्खता है। नई इमारत इतिहास की निरंतरता में जुड़ी एक और कड़ी है और दोनों कड़ियों को एक-दूसरे के सह-अस्तित्व में रखना चाहिए। कोई इसे नहीं बदल सकता। जिस तरह से दुनिया भर के लोग अपनी विरासत को संरक्षित करने की आवश्यकता के प्रति अधिक जागरूक हो रहे हैं, और इतिहास की कलाकृतियों के संरक्षण और पुनरुद्धार के लिए नई तकनीकों और कौशल का उपयोग कर रहे हैं। ऐसे में अगर हम अपने समृद्ध अतीत के अवशेषों की उपेक्षा करते रहे तो ये दुःखद होगा।"(14)

विशेष कार्यक्रम और सामाजिक-सांस्कृतिक गतिविधियाँ

गुरुद्वारा नानक प्याऊ साहिब कार्तिक (नवम्बर) माह के पूर्णिमा दिवस पर गुरु नानक की जयंती और गुरु नानक ज्योति जोग समावन उत्सव आदि विशेष कार्यक्रमों के आयोजन के लिए जाना जाता है। विभिन्न अवसरों पर विशेष कीर्तन दरबार और गुरु-का-लंगर का भी आयोजन किया जाता है।

कीर्तन (भक्ति गीत) का सामूहिक गायन और सिख सेवा के अंत में संगत को लंगर का वितरण गुरुद्वारा नानक प्याऊ साहिब की सेवाओं का सबसे महत्त्वपूर्ण हिस्सा है। मध्ययुगीन सूफ़ी ख़ानकाह में सामुदायिक रसोईघर को लंगर के रूप में जाना जाता था। अधिकतर यह ख़ानकाह के कैदियों के लिए होता था। सिख गुरुओं ने भी इसी प्रकार की प्रथा की स्थापना की।

गुरु-के-लंगर में तैयार भोजन, सभी जाति, धर्म और देश के लोगों के लिए होता है।

यह एक प्रमाणित तथ्य है कि 1522 ईस्वी में गुरु-का-लंगर की परम्परा को करतारपुर में गुरु नानक द्वारा रावी नदी के दायें तट पर (अब पाकिस्तान में) शुरू किया गया था और उन्होंने वहाँ पहला सिख तीर्थस्थल और सामुदायिक भोजनालय का निर्माण किया था। बाद में गुरु अंगद द्वारा इसे 1539 ईस्वी में सिख सेवा (जिसमें भक्ति गीतों के सामूहिक गायन और सभी मनुष्यों को गुरु-का-लंगर का वितरण होता है) की एक अनिवार्य विशेषता बना दिया गया। उन्होंने इस सामुदायिक रसोईघर अर्थात् गुरु-का-लंगर की प्रथा को लोकप्रिय बनाने के लिए विशेष कदम उठाये।

सिख गुरुद्वारों द्वारा निर्धारित गुरु-का-लंगर की मुख्य विशेषताएं हैं: सादगी, यह खाना सादा और सात्विक है; समानता, सभी को एक ही बर्तन में से भोजन परोसा जाता है और वहाँ उपस्थित सभी लोग एक साथ बैठते हैं; सेवा, भोजन स्वयं भक्तों द्वारा तैयार किया जाता है; शाकाहारी, यह भोजन शाकाहारी होता है और सभी के खाने योग्य है; भोग, भोजन को अरदास से पहले भगवान के आशीर्वाद के लिए गुरु (अब गुरु ग्रन्थ साहिब) के सामने रखा जाता है। गुरु-का-लंगर सभी देश-विदेश, धर्म और जाति के लोगों के लिए होता है। अमीर और गरीब, हिन्दू, मुस्लिम और ईसाई, सभी एक पंक्ति में बैठते हैं और दिल से इस भोजन को ग्रहण करते हैं।

गुरु-का-लंगर हमेशा संगत (मिश्रित जनसमूह) और पंगत (पंक्ति, गुरु-का-लंगर सेवा के लिए लाइन) की परम्परा से जुड़ा है। एकता, समानता और बिरादरी के अपने विचारों को ठोस अभिव्यक्ति देने के लिए गुरु नानक ने दो प्रथाओं-संगत और पंगत की शुरुआत की जिसके अंतर्गत उच्च या निम्न, अमीर या गरीब, पुरुष या महिला, सभी साथ बैठते हैं, साथ प्रार्थना करते हैं और साथ में ही खाना खाते हैं। संगत की अवधारणा मनुष्य और समाज के स्वस्थ विकास व प्रगति के लिए एक महत्त्वपूर्ण योगदान थी। "इसका उद्देश्य संगत की आध्यात्मिक धारणा, नैतिक अनुशासन और सामाजिक सामंजस्य को बेहतर बनाना था। इसका विशिष्ट व्यावहारिक उद्देश्य सामूहिक ज्ञान के प्रति समाज को आगे बढ़ाने का था।" (15) एक प्रथा के रूप में संगत या सत-संगत को इसके सामाजिक प्रभाव के अतिरिक्त उच्च ज्ञान प्राप्त करने के लिए संवेदनात्मक योग्यता और ज्ञानवादी मूल्य माना जाता है। धर्मशास्त्र के अनुसार संगत नाम और कीर्तन के अभ्यास के लिए है। गुरु अर्जन देव ने घोषणा की थी, "पवित्र

मण्डली में बैठकर ईश्वर की महिमा का गायन करना सबसे बेहतरीन कार्य है"(16)। सिख गुरुओं द्वारा यह भी कहा गया था कि संगत द्वारा की गयी अरदास को ईश्वर हमेशा स्वीकार करते हैं। उन्होंने आगे कहा कि ईश्वर संगत में वास करते हैं और संगत परमात्मा के समान है। गुरु ग्रन्थ साहिब में संगत की रचनात्मक भूमिका पर बार-बार जोर दिया गया है। गुरु नानक द्वारा शुरू की गई प्रथाओं संगत और पंगत ने लोगों के सामने एक ऐसे सामूहिक लोकतांत्रिक समाज का उदाहरण प्रस्तुत किया जिसमें सभी समानता से रह सकें।

आस-पास के इलाकों के लोगों के सामाजिक-सांस्कृतिक जीवन में गुरुद्वारा नानक प्याऊ साहिब की भी एक महत्त्वपूर्ण भूमिका है। रविवार को गुरुद्वारे में अधिकतम संख्या में श्रद्धालु आते हैं। बहुत से लोग गुरुद्वारे के हॉल में आध्यात्मिक चेतना और ज्ञान पाने के लिए इकठ्ठा होते हैं, जबकि कई लोग यहाँ आकर प्रार्थना के लिए संगत में शामिल होते हैं। गुरुद्वारे में पूर्ण शांति और सुकून का माहौल रहता है। गुरुद्वारे में गुरु-का-लंगर पूरे दिन चलता रहता है। इस प्रकार सामुदायिक रसोईघर निःस्वार्थ सेवा-भावना के माध्यम से क्षेत्र के लोगों के बीच प्यार का बंधन और एकता का मजबूत रिश्ता स्थापित करने में महत्त्वपूर्ण भूमिका निभाती है। गुरुद्वारा नानक प्याऊ साहिब परिसर के भीतर ही विभिन्न शैक्षणिक सुविधाएं भी प्रदान करता है। यहाँ एक सह-शैक्षणिक तकनीकी संस्थान और गुरु हरकिशन पब्लिक स्कूल के नाम से एक सार्वजनिक विद्यालय भी है। गुरुद्वारा परिसर में एक अस्पताल भी है जो सभी के लिए मुफ़्त चिकित्सा की सुविधा प्रदान करता है। गुरुद्वारा द्वारा सी.सी. कॉलोनी में रहने वाले यूनानी हृदय विशेषज्ञ से चिकित्सा लेने के लिए उत्तरी भारत के विभिन्न स्थानों से आने वाले लोगों को ठहरने की विशेष व्यवस्था प्रदान की जाती है।

गुरुद्वारा नानक प्याऊ साहिब द्वारा की जाने वाली सभी गतिविधियाँ सिख समुदाय की मूल अवधारणा 'मानव जाति की सेवा' को दर्शाती हैं। सेवा अर्थात् सहायता, और सच्ची सेवा अहंकार को दूर करती है और लालच व पाखंड से बचाती है। व्यक्तिगत तौर पर एक सिख को दूसरों से प्रेम करना चाहिए, ज़रुरतमंदों की मदद करनी चाहिए, अपनी कमाई का दसवां हिस्सा अच्छे काम के लिए दान करना चाहिए, और गुरुद्वारे और गुरु-के-लंगर के लिए तन-मन से सेवा प्रदान करनी चाहिए। एक सिख का मूलभूत कर्तव्य

बीमार, विकलांग, दृष्टिहीन, गरीब, भूखे और बूढ़े लोगों की सेवा करना है, क्योंकि बेमन से की गयी सेवा का कोई अर्थ नहीं होता।

कारसेवा (एक तरह की सेवा) का सिख धर्म में विशेष महत्त्व है। यह गुरुद्वारे को बनाये रखने के लिए की गयी स्वैच्छिक सेवा है। गुरु नानक के दिनों से आज तक, सिख गुरुद्वारों में श्रद्धालु ही मेहनत करके सेवा प्रदान करते हैं और साथ ही श्रद्धालुओं द्वारा ही एक बड़े पैमाने पर धन भी दान किया जाता है। "किसी एक के द्वारा या किसी द्विपक्षीय दान के द्वारा सेवा नहीं की जाती।"(18)

अन्य प्रासंगिक जानकारियां

गुरुद्वारा नानक प्याऊ साहिब का दिल्ली के पुराने सिख गुरुद्वारों के इतिहास में एक विशेष स्थान है, क्योंकि ऐसा कहा जाता है कि सिख धर्म के संस्थापक गुरु नानक के समय इस स्थान पर एक धर्मशाला (पूजा का स्थान) बनवाई गई थी। यह दिल्ली की पहली धर्मशाला थी जिसे गुरु नानक ने एक धर्मप्रचार केंद्र के रूप में इस्तेमाल किया। दूसरी धर्मशाला मजनू के टीले पर अस्तित्व में आई जिसका गुरु ने दिल्ली में अपने प्रवास के दौरान दौरा किया था और जहाँ उन्होंने कई योगियों, सूफ़ी और फ़कीरों के साथ लम्बे समय तक आध्यात्मिक प्रवचन आयोजित किये थे। इसके बाद मजनू का टीला सिख धर्म का एक प्रचार केंद्र बन गया। बाद में दोनों धर्मशालाओं को गुरुद्वारों में तब्दील कर दिया गया।

गुरुद्वारा नानक प्याऊ साहिब में प्रतिदिन बड़ी संख्या में श्रद्धालु आते हैं। हर साल गुरुद्वारा परिसर में गुरु नानक की पुण्यतिथि मनाई जाती है। हजारों श्रद्धालु यहाँ इकठ्ठा होते हैं और सिख धर्म के संस्थापक को याद करते हुए उन्हें श्रद्धांजलि देते हैं।

मजनू टीला साहिब

ਗੁਰੂ ਹਰਿ ਗੋਬਿੰਦ
ਨਿਵਾਸ

ऐतिहासिक पृष्ठभूमि और संबंधित मिथक एवं किंवदंतियाँ

मजनू टीला साहिब दिल्ली के प्राचीनतम ऐतिहासिक गुरुद्वारों में से एक है। दिल्ली में अपने प्रवास के समय गुरु नानक भी मजनू टीला में रुके थे, जहाँ एक मुस्लिम संन्यासी (जिन्हें स्थानीय रूप से इराक के एक सूफ़ी फ़कीर मजनू के नाम से जाना जाता था) यमुना नदी के तट पर एक आश्रम में रहते थे। वह पश्चाताप में एकाकी जीवन व्यतीत कर रहे थे। गुरु नानक के आशीर्वाद से उन्हें सर्वोच्च आत्मज्ञान प्राप्त हुआ और वे गुरु के सच्चे शिष्य बन गये। गुरु नानक ने उनके साथ लंबी वार्ताएं कीं, जिससे मजनू की मनोदृष्टि संन्यास से विमुख होकर अधिक संतुलित हो गयी। इसके बाद मजनू का आश्रम सिख धर्म का एक उत्कृष्ट प्रचार केंद्र बन गया जो सदियों से चल रहा है। इतने महान गुरु के पवित्र चरण उसके आश्रम में पड़ने और अपने नाम को अमर करने के लिए मजनू ने इस आश्रम का नाम अपने नाम पर रखने की इच्छा व्यक्त की। गुरु ने उनकी प्रार्थना स्वीकार की और इस जगह को मजनू-का-टीला के नाम से जाना जाने लगा। दिल्ली के कई सूफ़ी, योगी, वैरागी और संत इस आश्रम में गुरु नानक के पास आये और उनके साथ आध्यात्मिक चर्चाएं कीं। "अनेक लोग गुरु नानक से बेहद प्रभावित होकर उन्हें श्रद्धांजलि अर्पित करने आये, निज़ामुद्दीन औलिया के प्रसिद्ध मकबरे के रखवाले, सज्जदानशीं उनमें सबसे ख़ास थे। उन्होंने इस पवित्र स्थान पर गुरु नानक के साथ अलौकिक प्रेम के बारे में गहरी चर्चा की"। (19)

जब गुरु हरगोबिन्द (छठे गुरु) को सम्राट जहाँगीर ने आमंत्रित किया था, उस समय वे दिल्ली के मजनू टीला में रुके थे। शक्की सम्राट ने उन्हें इसी जगह से गिरफ़्तार कर लिया और ग्वालियर किले में कैद कर दिया था। उपलब्ध ऐतिहासिक साक्ष्यों के अनुसार 1606 ईस्वी में सिखों के इतिहास के सबसे कठिन समय में गुरु अर्जन के

सामने का पृष्ठः
गुरुद्वारा मजनू टीला साहिब आईएसबीटी, दिल्ली के समीप, चंद्रावल गाँव के पास यमुना नदी के तट पर स्थित है।

पृष्ठ 40-41ः
गुरु हरगोबिंद, सिखों के छठे गुरु सम्राट जहाँगीर के निमंत्रण पर दिल्ली आये थे और मजनू टीला में रुके थे।

बाद गुरु हरगोबिन्द आये। गुरु अर्जन ने अपना शरीर त्यागने से पहले अपने बेटे और उत्तराधिकारी गुरु हरगोबिंद के लिए एक आदेश छोड़ा: "मैं अपने जीवन के उद्देश्य को पूरा करने में सफल रहा हूँ। मेरे बेटे हरगोबिन्द के पास जाओ और उसे अच्छी तरह से दिलासा देना। उससे कहना कि वह विदाई या शोक में समय न गँवाए, बल्कि परमेश्वर की भक्ति के गीत गाये। अपने सिंहासन पर सशक्त रूप से बैठे और अपनी क्षमता के अनुसार सर्वश्रेष्ठ सेना तैयार करे। प्राचीन परम्परा के अनुसार अपने माथे पर गुरु का निशान लगाये और हमेशा अपने शिष्यों के साथ विनम्र व्यवहार करे। अपने बुद्ध भाइयों को आदर के साथ गले लगाये और हथियार धारण करने के साथ-साथ अपने पूर्ववर्ती गुरुओं द्वारा जारी सभी प्रथाओं को पूरे सम्मान के साथ अपनाये। मेरे शरीर का दाह-संस्कार ना करें, बल्कि इसे यमुना नदी की गोद में बहा दें।" (20)

गुरु अर्जन की मृत्यु से पहले उन्हें मुग़ल सम्राट जहाँगीर द्वारा बहुत पीड़ित किया गया और उन्हें अनेक कठिनाइयों का सामना भी करना पड़ा। अकबर महान की मृत्यु के बाद आगरा में मुग़ल साम्राज्य के सिंहासन पर जहाँगीर बैठा। जहाँ अकबर ने सिख आन्दोलन में कोई हस्तक्षेप नहीं किया था, वहीं जहाँगीर गुरुओं के बढ़ते प्रभाव और सिख आन्दोलन की तेज़ गति से विचलित था। वह गुरु अर्जन को नुकसान पहुँचाने के लिए कोई बहाना ढूँढ़ रहा था। लाहौर के दीवान चंदूलाल ने इस साजिश में सम्राट की मदद की। चंदू ने सम्राट को बताया कि गुरु अर्जन ने सम्राट के पुत्र खुसरू को उसके विरुद्ध बगावत करने में मदद की थी। सम्राट को गुरु के खिलाफ़ अपना गुस्सा निकालने का अवसर मिल गया और उन्हें राजद्रोह के आरोप में गिरफ़्तार कर लिया गया। गुरु अर्जन को लाहौर लाया गया और सम्राट के आदेश के तहत उन्हें चंदू को सौंप दिया गया जिसने उन पर भयंकर अत्याचार किये। उन्हें लाल गर्म लोहे पर बैठाया गया और उनके नग्न शरीर पर गर्म रेत डाला गया।

गुरु हरगोबिन्द सिंह, सिखों के छठे गुरु (1595-1644 ईस्वी)।

इतनी यातनाएं झेलते हुए भी गुरु अर्जन शांत एवं स्थिर बने रहे और परमेश्वर के भजन गाते रहे। अंत में, गुरु को रावी नदी में स्नान करने के लिए मज़बूर किया गया। चंदू ने सोचा कि गुरु के फफोलों से

भरे शरीर पर ठंडा पानी पड़ते ही उन्हें अत्यधिक पीड़ा होगी। उस गहरी नदी में डुबकी लेने के दौरान ही गुरु अर्जन उसमें डूब गये और फिर उनके शरीर का कहीं भी पता नहीं चल सका।

30 मई, 1606 ईस्वी को शहादत से पहले गुरु अर्जन ने महसूस किया कि अब "हथियारों की सहायता के बिना सिख समुदाय को संरक्षित करना संभव नहीं होगा"। इस अनुभूति के कारण उन्होंने गुरु हरगोबिन्द को निर्देश दिया कि सिख आत्मरक्षा और अपने सम्मान को संरक्षित रखने के लिए हथियार उठाएं। (21) गुरु अर्जन द्वारा दिया गया उनका बलिदान सिखों के इतिहास में एक मील का पत्थर साबित हुआ। उनकी शहादत से सिखों में व्यापक रोष पैदा हो गया। सिखों ने उनके इस बलिदान को एक अलग ही दृष्टि से देखा। जैसा कि ट्रम्प अर्नेस्ट ने कहा था, "उनकी मृत्यु से सिख समुदाय के विकास में एक बड़ा मोड़ आया, क्योंकि उसी समय एक ऐसा संघर्ष शुरू हुआ जिसने सुधारवादी धार्मिक आन्दोलन के पूरे स्वरुप को ही बदल डाला"। (22) इस प्रकार गुरु अर्जन की मृत्यु के बाद सिख आन्दोलन मौलिक रूप से बदल गया। सिखों को अब आत्मरक्षा के लिए हथियारों का सहारा लेना पड़ा।

गुरु अर्जन के पुत्र गुरु हरगोबिन्द ने अपने पिता की आखिरी इच्छा को मूर्त रूप देने की पूरी कोशिश की जिसके अनुसार उन्हें एक सेना की नींव रखनी थी। युवा गुरु ने मसन्दों के लिए एक घोषणा जारी की कि "उन्हें बहुत खुशी होगी अगर वो उन्हें हथियार और अच्छी नस्ल के घोड़े उपलब्ध करा सकें."(23) उन्होंने युद्ध की कला में सिखों को प्रशिक्षण देने की भी व्यवस्था की। गुरु हरगोबिन्द ने लौहगढ़ किले का निर्माण कर अमृतसर शहर को सुरक्षित किया। सिखों के सैन्यकरण को लेकर गुरु के प्रयासों को देखकर लाहौर का दीवान चंदूलाल ईर्ष्या से भर गया। वह गुरु हरगोबिन्द की बढ़ती लोकप्रियता और शक्ति से भयभीत भी हो गया। इसके अतिरिक्त गुरु के विरुद्ध चंदूलाल की शत्रुता का एक और कारण भी था, गुरु अर्जन ने अपने बेटे गुरु हरगोबिन्द के लिए चंदूलाल की बेटी के रिश्ते को अस्वीकार कर दिया था। वह अब गुरु को अपने लिए एक बड़े ख़तरे के रूप में देखने लगा। परिणामस्वरुप उसने सम्राट जहाँगीर को शिकायतें भेजना शुरू कर दिया कि गुरु सिंहासन पर बैठ गये हैं, हथियार रखते हैं और खुद को राजा कहते हैं। सम्राट से ये भी कहा गया कि गुरु ने अपने पिता की मृत्यु का

बदला लेने की प्रतिज्ञा ली है। हालाँकि चंदूलाल ने गुरु को पीड़ित करने का कोई अवसर नहीं छोड़ा, पर फिर भी ये नहीं कहा जा सकता कि इन सबका कारण केवल चंदूलाल ही था। इसका वास्तविक कारण स्वयं सम्राट का रवैया भी था। गुरु अर्जन के बढ़ते प्रभाव से स्वयं सम्राट चिंतित हो गया था और उसने ही गुरु को दिल्ली बुलाने तथा उन्हें धमकाने का निर्णय लिया।

सम्राट ने अपने प्रतिनिधियों को भेज कर गुरु हरगोबिन्द को तलब किया। शुरू में तो गुरु दिल्ली जाने के लिए अनिच्छुक थे, लेकिन जब उनके शिष्यों ने कहा कि इससे उन्हें चंदूलाल का असली चेहरा सम्राट के सामने लाने और उसके अपराधों की जांच करने का अवसर मिलेगा, तो उन्होंने सम्राट से मिलने का निर्णय किया। गुरु ने 1612 ईस्वी के अंत में दिल्ली के लिए प्रस्थान किया। दिल्ली पहुँचने पर उन्होंने मजनू टीले में डेरा डाला। जब गुरु हरगोबिन्द सम्राट के दरबार में उपस्थित हुए तो सम्राट ने गुरु की कोई बात सुने बिना उन्हें 12 साल तक ग्वालियर किले की जेल में बंदी बनाये रखने का आदेश दे दिया।

गुरु कुछ समय तक जेल में रहे। मोहसिन फ़नी के अनुसार, "गुरु 12 साल तक जेल में रहे। यद्यपि कुछ विद्वानों का कहना है कि कारावास की अवधि दो से पांच साल के बीच थी।" (24) सिख विद्वानों के द्वारा किये हुए नये शोध के अनुसार, गुरु हरगोबिन्द जनवरी 1613 से 25 अक्टूबर, 1619 (डॉ. एच. एस. दिलगीर : सिख त्वारीख़) तक ग्वालियर के कारागार में रहे। मोहसिन फ़नी हमें यह भी बताते हैं कि गुरु की कारावास की अवधि के दौरान कई निष्ठावान सिख वहाँ आते थे और ग्वालियर किले की दीवारों के सामने सिर झुकाते थे, जिसमें उनके गुरु को कैद किया हुआ था। अंततः सम्राट का निर्णय बदल गया। कुछ अन्धविश्वास के कारण और कुछ दया से उसने गुरु हरगोबिन्द को कारावास से मुक्त कर दिया। (25) जब उन्हें रिहा किया गया तो उन्होंने आग्रह किया कि शेष सभी कैदियों को भी रिहा किया जाना चाहिए। गुरु ने अपनी रिहाई के साथ-साथ ग्वालियर किले के 52 साथी कैदियों को भी रिहा कराया, जिनमें अधिकतर राजा थे। जेल से रिहा होने के बाद पंजाब लौटते समय गुरु हरगोबिन्द दिल्ली होते हुए गये और फिर एक दिन के लिए मजनू टीला में रुके।

गुरु की रिहाई के बाद, गुरु और सम्राट जहाँगीर के बीच सौहार्द्रपूर्ण और मैत्रीपूर्ण सम्बन्ध स्थापित हो गये, और यहाँ तक कि सम्राट ने सिखों के दुश्मन चंदूलाल को भी उनके हवाले कर दिया। क्रोधित सिखों ने उस दुष्ट इंसान को मार डाला। सम्राट और गुरु के बीच मित्रता इतनी घनिष्ठ हो गयी थी कि वे अक्सर शिकार करने एक साथ जाते थे।

जब औरंगज़ेब 21 जुलाई, 1658 को मुग़ल साम्राज्य के सिंहासन पर आसीन हुआ तो राज्य की नीति में शांति का कोई स्थान नहीं रह गया था। सिंहासन के लिए संघर्ष के दौरान औरंगजेब का अपने भाई दारा शिकोह की सेना के साथ युद्ध हुआ। दारा शिकोह शामुगढ़ की लड़ाई हार गया और पंजाब की ओर भाग गया। रास्ते में उसकी मुलाक़ात गुरु हर राय (गुरु हरगोबिन्द के पोते) से हुई। इस पर गुरु हर राय के दुश्मनों को औरंगज़ेब से गुरु के विरुद्ध कहानियाँ गढ़ने का मौका मिल गया। उन्होंने औरंगज़ेब के कानों में काफी जहर उगला, अंततः वे उसे गुरु के खिलाफ़ भड़काने में सफल हो गये। औरंगज़ेब को सलाह दी गई कि वह गुरु को दिल्ली बुलायें और या तो उन्हें सज़ा दें या फ़िर उनका इस्लाम में धर्म परिवर्तन करा दें। परिणामस्वरूप औरंगज़ेब ने गुरु को दिल्ली आने के लिए तलब किया किंतु गुरु ने आने से इनकार कर दिया। बदले में उन्होंने अपने बेटे राम राय को दिल्ली जाने के लिए कहा। राम राय को सम्राट की अदालत में आचरण के विषय में गुरु द्वारा विशेष निर्देश दिए गये थे। गुरु ने अपने बेटे को कठोरतापूर्वक सचेत किया कि वे *गुरु ग्रन्थ साहिब* के किसी भी हिस्से का वास्तविक अर्थ ही समझायें। उन्हें विशेष रूप से कोई भी चमत्कार और परमेश्वर के तौर-तरीकों में हस्तक्षेप ना करने के निर्देश दिये गये।

राम राय दिल्ली पहुंचे और चंद्रावल खेड़ा (मजनू टीला) में रुके। यहाँ से वे मुग़ल सम्राट की अदालत में गये, जहाँ उचित मान-सम्मान के साथ उनका स्वागत किया गया। गुरु द्वारा दिए गये निर्देशों को भूल कर औरंगज़ेब के आदेश पर राम राय ने कई चमत्कार दिखाए। इनमें मजनू टीला का भी एक चमत्कार शामिल था जहाँ एक कुआँ खोदकर उसके ऊपर एक चादर फैला दी गयी थी। राम राय को वहाँ बैठने के लिए कहा गया। वह आत्मविश्वास के साथ चादर पर बैठ गये और उन्हें कुछ नहीं हुआ। उनके शरीर के भारी वजन के बावजूद चादर अपनी जगह से एक इंच भी नहीं हिली। औरंगज़ेब और उसके दरबारी राम राय द्वारा दिखाए गये इस चमत्कार से आश्चर्यचकित

रह गये। ऐसा माना जाता था कि राम राय के पास अलौकिक शक्तियाँ थीं लेकिन सम्राट और दरबारियों की उपस्थिति में उनका इस प्रकार चमत्कार प्रदर्शन सिख धर्म के मूल सिद्धांतों के अनुरूप नहीं था।

मुग़ल दरबार में चर्चा के समय औरंगज़ेब ने राम राय के साथ सिख दर्शन पर भी चर्चा की और उनसे कई प्रश्न पूछे। वह जानना चाहता था कि *गुरु ग्रन्थ साहिब* में कुछ भी इस्लाम के विरुद्ध है या नहीं। इसी बीच एक चालाक और पवित्र शास्त्र को पढ़ने में सक्षम दरबारी ने *गुरु ग्रन्थ साहिब* में लिखी गुरु नानक की एक कविता सुनाई :

मुस्लिम की राख कुम्हार की मिट्टी में गिरती है;
जिससे बर्तन और ईंटें बनती हैं।
और आग उस मिट्टी को जला देती है।

—आसा-दी-वार

जब औरंगज़ेब ने राम राय से इन पंक्तियों का मतलब समझाने के लिए कहा, तो वे घबरा गये और भयभीत होकर कांपने लगे। श्लोक का सही अर्थ जानकर औरंगज़ेब की ओर से आने वाली प्रतिक्रिया के बारे में सोचकर राम राय ने *गुरु ग्रन्थ साहिब* के इस हिस्से का वास्तविक अर्थ नहीं समझाया। उन्होंने कहा कि मूल शब्द "मिट्टी मुसलमान की" ग़लती से छपा हुआ शब्द है, सही शब्द होना चाहिए था मिट्टी बेईमान की। औरंगजेब इससे संतुष्ट हो गया, लेकिन राम राय ने *गुरु ग्रन्थ साहिब* की कविता की सच्चाई का ग़लत विवरण प्रस्तुत करने की मूर्खता की। वास्तव में ये पंक्तियाँ गुरु नानक के सिद्धांत को व्यक्त करती हैं कि मनुष्य की आत्मा शरीर को छोड़ देती है, कयामत तक कब्र में ही नहीं रहती।

पंजाब से अपने प्रस्थान की पूर्व संध्या पर अपने पिता गुरु हर राय द्वारा दिए गये निर्देशों का पालन ना करने की राम राय की भूल उनके लिए आत्मघाती साबित हुई। जब गुरु को औरंगज़ेब के दरबार में हुई घटनाओं के विषय में बताया गया तो वे बहुत क्रोधित हो गये। उन्होंने इसे गुरु नानक और उनके विश्वास का अपमान बताया। उन्होंने अपनी झुंझलाहट को व्यक्त करते हुए कहा, "राम राय, अब कभी मेरा चेहरा ना देख

पाए। उसे औरंगज़ेब के साथ ही रहने दो और उसके दरबार में ही पैसे कमाने दो।" एक महीने बाद, गुरु हर राय ने अपने दूसरे पुत्र हरकिशन को अपने उत्तराधिकारी के रूप में गुरु नानक के सिंहासन पर आठवें गुरु के रूप में नियुक्त किया। वह 6 अक्टूबर, 1661 ईस्वी को गद्दी पर बैठे।

इन घटनाओं को ध्यान में रखते हुए यह माना जा सकता है कि 1539 ईस्वी में गुरु नानक की मृत्यु के बाद भी एक सदी से अधिक समय तक मजनू का टीला को पवित्र स्थान माना जाता रहा था। वर्तमान गुरुद्वारा मजनू टीला साहिब एक ऐसी जगह पर स्थित है जहाँ पूर्ण शांति और पवित्रता का वातावरण है। शहर की भीड़-भाड़ और हलचल से दूर होने के कारण यह ऐतिहासिक तीर्थस्थल भक्तों के लिए परमात्मा को याद करके उससे आशीर्वाद लेने का एक आदर्श स्थान बन गया है।

वास्तुकला का विवरण: एक अवलोकन

उपलब्ध ऐतिहासिक साक्ष्यों के अनुसार सरदार बघेल सिंह ने 1783 ईस्वी में मजनू टीला में एक गुरुद्वारा बनाया। यह तत्कालीन मुग़ल सम्राट शाह आलम द्वितीय की अनुमति से उनके द्वारा निर्मित सात ऐतिहासिक गुरुद्वारों में से एक था।

गुरुद्वारा मजनू टीला की वर्तमान इमारत का पुनः निर्माण किया गया है। यह इमारत बीच में एक गुम्बद के मंडप और छत के ऊपर के कोनों पर एक गुम्बददार छतरी के साथ ऊंचे चबूतरे पर खड़ी है। 1976 में प्रकाशित एक पुस्तक (सिख गुरु और उनके पवित्र तीर्थस्थल-सुरिंदर सिंह जौहर) में दी गई गुरुद्वारे की पुरानी इमारत की तस्वीर से पता चलता है कि यह छत के ऊपर एक गोलाकार गुम्बद के साथ एक-मंज़िला इमारत थी। तस्वीर के अनुसार निचली मंज़िल पर खड़े सजावटी खंभों से संकेत मिलता है कि इस इमारत को संभवतः एक बंगले के रूप में डिज़ाइन किया गया था। गुरुद्वारे की वर्तमान इमारत का निर्माण बीसवीं शताब्दी के अंतिम वर्षों में हुआ है। फिर हाल ही में स्वर्गीय बाबा हरबंस सिंह (कार सेवा वाले) द्वारा इसका पुनर्निर्माण किया गया था, जो दिल्ली में अन्य गुरुद्वारा भवनों और परिसरों के पुनर्निर्माण और विकास में लगे हुए थे।

गुरुद्वारा मजनू टीला साहिब परिसर में गुरुद्वारे की मुख्य इमारत के पीछे एक और इमारत है। भवन के निर्माण का कार्य (स्मारक पत्थर में दर्ज) सन् 1923 में सरदारनी

हरमन कौर ने अपने दिवंगत पति सरदार राम सिंह काबली की याद में शुरू किया था। भवन का निर्माण 1950 में पूरा हुआ और इसे बनने में पूरे 27 वर्ष लगे। स्वर्गीय बाबा हरबंस सिंह द्वारा मुख्य गुरुद्वारे की इमारत के पुनर्निर्माण के समय इस इमारत को ढहाया नहीं गया था। इस इमारत में एक ऊंची छत वाला हॉल है, जिसके एक हिस्से के बीच एक लकड़ी के गुम्बद के साथ एक चौकोर प्रकाश स्थान (पवित्र स्थान) स्थित है। यह इमारत मुख्य रूप से सामाजिक समारोहों, पंथ और अन्य प्रथागत परम्पराओं के लिए उपयोग की जाती है। उत्तर में स्थित गुरुद्वारा मजनू टीला साहिब की मुख्य इमारत में एक ऊंची छत वाला हॉल है और साथ ही मुख्य प्रवेश द्वार सहित 12 दरवाजे हैं। इस इमारत में एक चौकोर प्रकाश स्थान है, जहाँ *गुरु ग्रन्थ साहिब* विराजमान हैं और इमारत के अंदर ही मध्य-ऊंचाई वाली एक गैलरी भी है। एक गहरा कुआँ आज भी संरक्षित है, जिसे औरंग़ज़ेब के निर्देशानुसार गुरु हर राय के पुत्र राम राय की मृत्यु की साजिश के तहत खोदा गया था। इसे गुरुद्वारे की इमारत के मुख्य द्वार के ठीक सामने दाएँ कोने में देखा जा सकता है।

पंजाब और अन्य पड़ोसी राज्यों से आने वाले श्रद्धालुओं और भक्तों के बीच गुरुद्वारा मजनू टीला साहिब एक विशेष आकर्षण का केंद्र है। वे राजधानी में अन्य जगह जाने से पहले इस गुरुद्वारे में रहना पसंद करते हैं। स्वर्गीय बाबा हरबंस सिंह द्वारा गुरुद्वारा परिसर के दक्षिणी हिस्से के अंत में एक नया गेस्ट हाउस बनाया गया है, जहाँ आने वाले आगंतुकों के रहने के लिए अतिरिक्त आवास उपलब्ध है।

विशेष कार्यक्रम और सामाजिक-सांस्कृतिक गतिविधियाँ

इस गुरुद्वारे में प्रतिदिन होने वाले कार्यक्रमों में निम्नलिखित विशेष हैं:

- ग्रन्थ साहिब दा प्रकाश (*गुरु ग्रन्थ साहिब* को खोलकर रखना)।
- पांच बानियों और सुखमनी साहिब का पाठ।
- नितनेम का पाठ।
- आसा-दी-वार का पाठ।
- *गुरु ग्रन्थ साहिब* (गुरबानी) से भजन-गायन।

- कीर्तन (शास्त्रीय भजन और भक्ति संगीत गायन, विशेष रूप से सोदार)।
- *गुरु ग्रन्थ साहिब* से नौ भजनों से युक्त रहरस का पाठ।
- आरती कीर्तन और सोहिला।
- अरदास (प्रार्थना); हुकम और प्रसाद भी गुरुद्वारा के दैनिक धार्मिक अनुष्ठानों का एक हिस्सा हैं।

कीर्तन, सोहिला, अरदास, रहरस, हुकम और कड़ाह प्रसाद किसी भी गुरुद्वारे के दैनिक धार्मिक अनुष्ठान के महत्त्वपूर्ण भाग हैं।

कीर्तन: कीर्तन में *गुरु ग्रन्थ साहिब* में लिखे भजन (सबद या शबद) गाये जाते हैं। यह गुरुद्वारा सेवा का मुख्य भाग है और यह गुरु नानक के समय से ही सिख धर्मानुयायियों के लिए सबसे महत्त्वपूर्ण है। नानक स्वयं अपने संगीतकार साथी मर्दाना के साथ गाते थे। मर्दाना एक तार वाला यंत्र बजाते थे। प्रायः गुरुद्वारे में संगीतकार प्रकाश स्थान के मंडप के किनारे बैठते हैं और यह कीर्तन कई घंटों तक चलता है। सिखों के लिए कीर्तन का मतलब भगवान की प्रार्थना में भजन गाने से कहीं ज्यादा है, क्योंकि इसमें एक गूढ़ रहस्यवादी तत्त्व है, जो दुनिया में परमेश्वर का वचन और सार है। ये एक व्यक्ति या संगत दोनों में आध्यात्मिकता को विकसित करता है। आर. एस. वाहिवाला के अनुसार, "कीर्तन कानों के माध्यम से शरीर में प्रवेश करता है। यह अंदरूनी कोशिकाओं तक पहुँचता है और मनुष्य की सुप्त आत्मा को जागृत करता है। भक्त भी गायक के साथ गाना शुरू कर देते हैं और इस तरह वे उल्लास, परमानन्द और भाव समाधि की एक अवस्था में प्रवेश करते हैं। कीर्तन विचार, हृदय और आत्मा के लिए एक प्रकार का भोजन है।"(26)

कीर्तन का महत्त्व इस तथ्य से लगाया जा सकता है कि पूरा *गुरु ग्रन्थ साहिब* संगीतात्मक है। इसकी संरचना भारतीय शास्त्रीय रागों के आधार पर की गयी है जिसके अनुसार इसके अंशों का गायन किया जाना चाहिए। "*गुरु ग्रन्थ साहिब* के रचयिता गुरु अर्जन ने रागों के आधार पर पवित्र भजनों की रचना की, न कि साहित्य या घटनाक्रमों के आधार पर।"(27)

सोहिला: यह भी प्रार्थना है और विभिन्न गुरुओं के भजनों का संग्रह है। इसमें गुरु नानक के तीन शबद, गुरु रामदास का एक शबद और गुरु अर्जन का एक शबद शामिल हैं। ये भजन भगवान से मनुष्यों के अलग होने की पीड़ा और एक बार फिर भगवान से मिलने के आनंद का अनुभव कराते हैं।

अरदास: अरदास का मतलब है विनम्र अनुरोध, प्रार्थना; यह सिखों की प्रार्थना है। इसे कार्यकर्ताओं द्वारा संगठित किया जाता है जो संगत के साथ प्रार्थना करते हैं। अरदास हाथ जोड़कर निष्ठापूर्वक की जाती है। ग्रंथी सहित सम्पूर्ण संगत अरदास के लिए *गुरु ग्रन्थ साहिब* (प्रकाश स्थान पर विराजमान) के सामने खड़ी होती है। अरदास का सबसे अच्छा अनुवाद है, "आप जो चाहें वो मांगें" (समशेर सिंह, सिख धर्म में प्रार्थना की अवधारणा, एससीआई, वॉल्यूम 28, नं. 66, 1988, पृष्ठ 6)। इसमें सिख धर्म के प्रारंभिक इतिहास को याद किया जाता है। अरदास का उच्चारण ग्रंथी द्वारा किया जाता है और सारी मण्डली "वाहेगुरु" (अद्‌भुत ईश्वर) बोलते हुए साथ देती है। अरदास का समापन "वाहेगुरु जी की खालसा" शब्दों से होता है, जिसमें सारी संगत "वाहेगुरु जी की फ़तह" के साथ जवाब देती है। इन दोनों वाक्यांशों को एक साथ रखकर इसका मतलब बनता है, "खालसा परमेश्वर का है, विजय भी परमेश्वर की ही है"। इसके बाद एक ज़ोरदार विजयी आवाज़ में बोला जाता है, "जो बोले सो निहाल", जिसपर संगत का जवाब आता है, "सत श्री अकाल" (सच्चाई अनंत है)। इस आनंद (महान आध्यात्मिक अनुभूति) के अंत में *गुरु ग्रन्थ साहिब* को दो सफेद रुमालों में सावधानीपूर्वक लपेटा जाता है और पास के एक विशेष कक्ष में विश्राम के लिए ले जाया जाता है। सारी संगत "सत नाम, सत नाम, सत नामजी, वाहेगुरु, वाहेगुरुजी" (प्रार्थना के अंत में गाया जाने वाला गीत) गाती है। *गुरु ग्रन्थ साहिब* को रखने के पश्चात एक बार फिर आवाज़ लगाई जाती है "जो बोले सो निहाल", जिसपर संगत का जवाब होता है "सत श्री अकाल", और फिर सब अपने माथे को धरती से लगाते हैं और अरदास पूरी हो जाती है।"(28)

अरदास का अर्थ है विनम्र अनुरोध; यह सिखों की प्रार्थना है। अरदास हाथ जोड़कर निष्ठापूर्वक की जाती है।

रहरस: रहरस पांच विभिन्न गुरुओं के भजनों का एक संग्रह है। इसमें गुरु नानक के पांच शबद, गुरु राम दास के दो शबद, गुरु अर्जन के सात शबद, गुरु अमरदास के आनंद साहिब के छः पद, एक स्वाय, दोहिरा, और गुरु गोबिंद सिंह की बेअंती चौपाई शामिल हैं। *गुरु ग्रन्थ साहिब* में अभिलिखित रहरस में केवल चार गुरुओं के भजन और नौ शबद शामिल हैं। रहरस में शेष रचनायें 19वीं शताब्दी के अंत में शामिल की गयीं। भजनों का विषय भगवान के घर का विवरण और उसमें प्रवेश करने का साधन है।

हुकम: *गुरु ग्रन्थ साहिब* में "हुकम" शब्द को प्रभु परमेश्वर द्वारा स्थापित दैवी कानून कहा जा सकता है, जिसके तहत सम्पूर्ण ब्रह्माण्ड की व्यवस्था काम करती है। सभी अन्य नियम जैसे कि कर्म और पुनर्जन्म का आध्यात्मिक नियम और भौतिक या जीव विज्ञान के नियम, सभी हुकम के अंतर्गत आते हैं। "सभी आना-जाना हुकम के द्वारा है, हर जगह, आगे और पीछे, हुकम ही प्रचलित है." (गुरु ग्रन्थ साहिब, 151). "सब कुछ हुकम के भीतर ही है, कुछ भी हुकम के घेरे से बाहर नहीं है; जो हुकम को समझता है, हे नानक, उसके लिए अहंकार अस्तित्वहीन है" (गुरु ग्रन्थ साहिब, 2). "केवल वो लोग जो हुकम को मानते हैं, उन पर ही वह अपनी कृपा प्रदान करता है." (गुरु ग्रन्थ साहिब, 510, 1027, 1423)। "जो लोग हुकम को मानते हैं, वे ही दुनिया के पूर्ण पुरुष हैं, वे शबद की पूर्ण समझ के साथ अपने गुरु की सेवा करते हैं"। (गुरु ग्रन्थ साहिब, 512)।

"हुकम एक नियम है जो प्रभाव, क्रिया और फल को निर्धारित करता है"(29)। हुकम का इस रूप में अनुवाद किया गया है, "ईश्वर की इच्छा, प्रकृति के अनंत अपरिवर्तनीय और विश्वव्यापी कानून, दैवीय आज्ञा देते हैं।" (30) इसका अनुवाद "ईश्वर की इच्छा" और "ईश्वर की विरासत" के रूप में भी किया गया है। "विश्वव्यापी इच्छा और दैवीय इच्छा के रूप में हुकम को दो तरीकों से संचालित किया जा सकता है। इसे बाहर से स्वयं के लिए कार्य करने के लिए लिया जा सकता है, जैसे कि "तू ऐसा करेगा" जैसा शास्त्रों की एक श्रृंखला में भी लिखा है।"(31) लेकिन दूसरे और उचित अर्थ में सिख धर्म में यह हुकम या इच्छा को आंतरिक रूप से ही खुद को संचालित करने के लिए समझा जा सकता है। दैवीय तर्क हुकम के सिद्धांत को सबसे उचित रूप से समझाता है। हुकम एक आधिकारिक बाहरी आदेश की तरह नहीं है। "यह मनुष्य

के भीतर ही है। यह एक दिव्य इच्छा है, जिसमें ज्ञान शामिल है और यह ज्ञान तर्क के माध्यम से पहुँचता है। शायद इसलिए इस अभिव्यक्ति को दिव्य तर्क कहा जा सकता है।" (32) इस विचार पर गुरु नानक द्वारा श्री राग (गुरु ग्रन्थ साहिब, महल्ला 1, पृष्ठ 55) में और बल दिया गया है। हुकम ब्रह्माण्ड का एक उत्कृष्ट सिद्धांत है। प्रकृति में सभी कार्य निर्धारित सिद्धांतों के अनुसार ही हो रहे हैं। कुछ भी सिद्धांतहीन नहीं है। हुकम ही इन सिद्धांतों का शासक है। गुरु अर्जन *सुखमनी साहिब* (गुरु ग्रन्थ साहिब, महल्ला 5, पृष्ठ 297) में लिखते हैं, कि हुकम इस ब्रह्माण्ड का अदृश्य व निरंतर सिद्धांत है। परमेश्वर ही इस ब्रह्माण्ड का कारण और निर्माता है और हर चीज का सृजन और विनाश हुकम के द्वारा होता है। गुरु आगे कहते हैं कि दुनिया में सबका आना-जाना भी केवल हुकम के माध्यम से ही होता है (गुरु ग्रन्थ साहिब, महल्ला 5, पृष्ठ 885).

इसलिए हुकम का अर्थ है परमेश्वर का नियम और इसका मूल्यांकन करने की अनुमति नहीं है। गुरु नानक ने जपजी पौरी 2 (सिखों की सुबह की प्रार्थना) में कहा हैः "हर कोई हुकम के भीतर है और इस नियम का कोई अपवाद नहीं है।"

"सुख और दुःख दोनों में परमेश्वर को धन्यवाद देना चाहिए। वह स्वयं ही उद्धारकर्ता और रक्षक है, वह स्वयं ही दाता है और संरक्षक भी है। हमें अपने कर्मों से स्वयं को उसकी उदारता और आशीष के योग्य बनाना है। उसके नियमों को स्वीकार करते हुए और उनका आदर करते हुए, नियम के अनुसार अपना जीवन जीते हुए, हम खुद को उसकी दया और उदारता के योग्य बना सकते हैं। उसका नियम ही अंतिम न्याय है, और जिसे बिना किसी शिकायत के स्वीकार किया जाना चाहिए।"(33)

कड़ाह प्रसादः छुआछूत को दूर करने, जाति व्यवस्था को समाप्त करने और सामाजिक समानता बनाये रखने के लिए गुरु नानक ने भक्तों के बीच कड़ाह प्रसाद वितरण करने की प्रथा शुरू की। आज भी यह प्रथा पूरे देश के सभी गुरुद्वारों में प्रचलित है। कड़ाह प्रसाद की सामग्री पानी, आटा, घी और चीनी है। इन चार सामग्रियों के अतिरिक्त कड़ाह प्रसाद में एक आध्यात्मिक सामग्री प्रार्थना (जपजी) भी सम्मिलित रहती है, जिसे प्रसाद को अग्नि पर पकाते समय पढ़ा जाता है। प्रसाद के तैयार हो जाने के बाद इसे *गुरु ग्रन्थ साहिब* के पास एक छोटे से स्टूल पर रखा जाता है। कड़ाह प्रसाद को गुरुद्वारे

पानी, आटा, घी और चीनी से बने कड़ाह प्रसाद को गुरुद्वारा में भक्तों के बीच वितरित किया जाता है।

में किसी भी जाति या सम्प्रदाय के भेदभाव के बिना वितरित किया जाता है। “इसे पहले लोहे की एक कड़ाही में पकाया जाता है, फिर इसका एक हिस्सा धर्म की दीक्षा लिए हुए पांच प्रियजनों (पंज प्यारों) के बीच वितरित किया जाता है। थोड़ा प्रसाद आदि ग्रन्थ के पास एक छोटे से स्टूल पर भी रखा जाता है। बाकी बचे प्रसाद को सभी भक्तों के बीच बाँट दिया जाता है।” (34)

समारोह: गुरुद्वारे में हर साल अप्रैल महीने में बड़े पैमाने पर बैसाखी का पर्व मनाया जाता है। यह उत्सव विक्रमी सम्वत् के बैसाख महीने में आयोजित किया जाता है। वर्ष 1699 में बैसाख से एक दिन पहले गुरु गोबिंद सिंह ने आनंदपुर में खालसा के एक नये पंथ की स्थापना की थी जिसमें चरणपहुल का स्थान खंडे दा अमृत ने ले लिया। “इस नये अमृत, दिव्य शब्द, जिसमें गुरु की आत्मा घुली हुई थी, को चखने वाले व्यक्ति में एक चमत्कारी परिवर्तन आया। गुरु ने जाति, सम्प्रदाय और लिंग के सभी भेदों को समाप्त कर दिया और सभी लोगों को एक समरूप भातृभाव में एकीकृत किया।”(35) यद्यपि गुरु ने एक नई विचारधारा शुरू की, किंतु यह गुरु नानक और उनके उत्तराधिकारियों द्वारा प्रचारित की गयी पुरानी विचारधाराओं के विपरीत नहीं थी।

गुरुद्वारे में अमृतसर जिले के वडाली में 14 जून, 1595 को जन्मे गुरु हरगोबिन्द के जन्मदिन का उत्सव भी मनाया जाता है। यह उत्सव उनके ग्वालियर किले की जेल में रहने से पहले और बाद में उनके इस स्थान पर आगमन की स्मृति में मनाया जाता है।

दिल्ली के दस ऐतिहासिक सिख गुरुद्वारों में से एक - गुरुद्वारा मजनू टीला साहिब अपने दो गुरुओं द्वारा की गयी यहाँ की पवित्र यात्रा के कारण ही नहीं, अपितु यमुना नदी के खूबसूरत तट पर बने होने के कारण भी महत्त्वपूर्ण है।

बंगला साहिब

ऐतिहासिक पृष्ठभूमि और संबंधित मिथक एवं किंवदंतियाँ

गुरुद्वारा बंगला साहिब दिल्ली के सर्वाधिक लोकप्रिय ऐतिहासिक तीर्थस्थानों में से एक है, जहाँ प्रतिदिन बड़ी संख्या में श्रद्धालु और भक्त आते हैं। कनॉट प्लेस, नई दिल्ली में गोल डाकखाना के निकट स्थित यह गुरुद्वारा आम्बेर के राजा जय सिंह के स्वामित्व वाले बंगले की जगह बना है। गुरु हरकिशन सम्राट औरंगज़ेब द्वारा दिल्ली तलब किये जाने पर यहाँ ठहरे थे। "कहा जाता है कि 1783 ईस्वी में सरदार बघेल सिंह ने गुरु की पवित्र यात्रा की स्मृति में एक गुरुद्वारा स्थापित किया। यह वह क्षेत्र था जहाँ राजा जय सिंह की सेनाएं भी तैनात थीं और इस जगह को जय सिंहपुरा के रूप में जाना जाता था।" (36)

गुरु हर राय के दो बेटे राम राय और हरकिशन थे। 1661 ईस्वी में छोटे बेटे हरकिशन छः वर्ष की आयु में गद्दी पर बैठे।

जब राम राय ने सम्राट औरंगज़ेब को खुश करने के लिए *गुरु ग्रन्थ साहिब* के कुछ भजनों का ग़लत अर्थ समझाया तो उनके पिता गुरु हर राय नाराज़ हो गये और इसलिए राम राय को गुरु पद के योग्य नहीं माना गया। जब राम राय को पता चला कि गुरु पद का दायित्व उनके छोटे भाई हरकिशन को दे दिया गया है तो वह इतना दुखी हो गये कि उन्होंने सभी संसाधनों की सहायता से सिख समुदाय के आध्यात्मिक नेतृत्व के संघर्ष के लिए स्वयं को तैयार किया। उनके अनुयायियों, विशेष रूप से करीब सौ मसन्दों ने इस ईर्ष्या और दुख को और बढ़ाने में उनकी मदद ही की। अपने द्वारा दिखाए गये सभी चमत्कारों और दिल्ली कोर्ट में अपने प्रभाव के साथ भी राम राय दिल्ली और पंजाब के प्रमुख सिखों का दिल जीतने में विफल रहे। सभी सिख यह जानते थे कि अतीत में भी गुरु का पद हमेशा परिवार के सदस्य को योग्यता के आधार पर दिया गया है, न कि आयु की वरीयता के आधार पर। यद्यपि हरकिशन केवल छः वर्ष के थे लेकिन

सामने का पृष्ठः
गुरुद्वारा बंगला साहिब के अंदर का एक दृश्य गुरुद्वारे में शान से सजाया गया प्रकाश स्थान और संगत के लिए एक बड़ा हॉल है।

पृष्ठ 56-57ः
गुरुद्वारा बंगला साहिब नई दिल्ली में कनॉट प्लेस के निकट गोल डाक-खाना के पास स्थित है।

उन्हें गुरु के अनुयायियों के मार्गदर्शन के लिए कुशल और सक्षम माना गया। वह एक असाधारण, प्रतिभाशाली और अत्यंत बुद्धिमान बालक थे। आध्यात्मिक प्रशिक्षण लेने के पश्चात् मुग़ल सम्राट औरंगज़ेब के शासनकाल में युवा हरकिशन ने सिख समुदाय का मार्गदर्शन एक आदर्श नेता की भांति किया। यह सिख इतिहास का सबसे महत्त्वपूर्ण समय था।

अंत में हार कर राम राय ने गुरु का पद हासिल करने के लिए सम्राट औरंगज़ेब से संपर्क किया। दिल्ली के प्रमुख सिख लखी राय, कल्याण चंद, दिल्ली धर्मशाला के पुजारी भाई गुरबक्श मल और दिल्ली में तैनात सिख धर्मप्रचारकों ने राम राय से अपील की कि वे सम्राट औरंगज़ेब से समर्थन की मांग करके नया संकट पैदा ना करें। उनके अनुरोध पर ध्यान देने की अपेक्षा राम राय ने सम्राट को सूचित किया कि यदि विरोधी अनुयायियों को नियंत्रित नहीं किया गया तो वो पंजाब में संकट पैदा कर सकते हैं। सम्राट ने बालक गुरु हरकिशन को अपने न्यायालय में बुलाया। औरंगज़ेब का विचार था कि यदि वह राम राय को गुरु का पद दिलवा देंगे, तो हर राय के अधीन सिखों की गतिविधियों को नियंत्रित करने में राम राय को एक हथियार के रूप में उपयोग करना सरल होगा।

गुरु हरकिशन, सिखों के आठवें गुरु (1656-1664 ईस्वी) 1661 ईस्वी में छः वर्ष की आयु में गद्दी पर बैठे।

जब सम्राट का बुलावा कीरतपुर (गुरु हरकिशन का पैतृक घर, जिला रोपड़, पंजाब) पहुँचा तो गुरु हरकिशन ने दिल्ली आने से इन्कार कर दिया। दिल्ली के सिखों को भी गुरु हरकिशन की दिल्ली यात्रा का विचार पसंद नहीं आया। सौभाग्य से अपनी बुद्धि, दूरदर्शिता और राजनैतिक कौशल के लिए सुप्रसिद्ध तथा सम्राट के प्रिय आम्बेर के राजा जय सिंह और उनके बेटे राम सिंह दोनों उस समय दिल्ली में थे। दिल्ली के सिखों ने उनसे हस्तक्षेप करने और सौहार्द्रपूर्ण ढंग से इस मुद्दे को सुलझाने के लिए संपर्क किया। राजा जय सिंह ने दिल्ली आने के लिए गुरु को राजी करने की ज़िम्मेदारी ली, परन्तु साथ ही सम्राट से आश्वासन भी प्राप्त किया कि जब तक गुरु हरकिशन उत्तराधिकार के इस मुद्दे से स्वयं संतुष्ट नहीं हो

जाते, तब तक वे उनके बंगले में अतिथि के रूप में रहेंगे। औरंगज़ेब आसानी से इस बात के लिए सहमत हो गया, क्योंकि इसमें कोई राजनैतिक समस्या नहीं थी।

राजा जय सिंह ने गुरु को दिल्ली लाने के लिए कीरतपुर में बहुमूल्य उपहारों के साथ दीवान पारस राम नाम के एक राजदरबारी को भेजा। जब गुरु दिल्ली पहुँचे तो राजा जय सिंह और उनके पुत्र राम सिंह ने अत्यंत विनम्रता और सम्मान के साथ उनका स्वागत किया। गुरु हरकिशन को उनके रायसिना के बंगले में ठहराया गया। गुरु हरकिशन ने सम्राट से भेंट करने के मुद्दे को टाल दिया और साथ ही मुग़ल सम्राट से मिलकर अपने पिता के उत्तराधिकार के निर्णय को बदलने से भी मना कर दिया। यह बंगला जहाँ गुरु हरकिशन एक या दो महीने के लिए रुके थे, एक महत्त्वपूर्ण सिख केंद्र बन गया, क्योंकि प्रतिदिन सैकड़ों भक्त यहाँ गुरु हरकिशन के दर्शन के लिए आने लगे थे।

जहाँ एक ओर राम राय मुग़ल दरबार में तुच्छ चमत्कार दिखाने, अपने सामान्य उपहारों के साथ मंत्रियों को प्रभावित करने और सम्राट औरंगज़ेब से गुरु हरकिशन को गुरु पद से हटाने का आदेश पाने में लगे थे, वहीं युवा गुरु हरकिशन राय आध्यात्मिक उपचार के द्वारा बीमारों को सांत्वना और पीड़ादायक स्थिति में रहने वाले गरीबों को शांति प्रदान कर रहे थे। लोगों की जाति या धर्म से परे सेवा द्वारा युवा गुरु ने उस समय दिल्ली में रहने वाले किसी अन्य धार्मिक नेता की अपेक्षा अपने अधिक अनुयायी बना लिए। दिल्ली के मुसलमान विशेष रूप से उनके पवित्र दृष्टिकोण से प्रभावित हुए और उन्होंने उन्हें 'बाल पीर' (बालक पैग़ंबर) का नाम दिया। पूरे शहर में युवा गुरु की चिकित्सा शक्तियों की कहानियाँ फैल गयीं। ऐसा माना जाता था कि गुरु की एक झलक भी दुखों को दूर करने में मदद करती है। इतिहास में यह गुरु गोबिंद सिंह द्वारा वर्णित किया गया है :

गुरु हरकिशन का मनन करें,
जिनकी एक झलक से ही सभी दुःख और पीड़ा दूर होती हैं। (37)

दिल्ली के हिन्दू और मुसलमान दोनों ने युवा पैग़म्बर का वैसे ही अनुसरण किया जैसे कोई परवाना शमां का करता है। सम्राट औरंगज़ेब के मुखबिरों ने उन्हें युवा गुरु की असाधारण शक्तियों और आकर्षक व्यक्तित्व का प्रभावशाली विवरण दिया। राजा

जय सिंह ने सम्राट को अपने आध्यात्मिक नेता को चुनने का विकल्प सिखों पर छोड़ने के लिए राजी कर लिया। राजा जय सिंह ने युवा गुरु को देखने के उत्सुक औरंगज़ेब को उनसे मिलाने का वचन दिया।

मार्च 1664 ईस्वी में दिल्ली शहर में चेचक एक महामारी के रूप में फैलनी शुरू हुई। इस आपदा के परिणामस्वरूप दिल्ली के नागरिकों की मृत्यु होने लगी। युवा गुरु पीड़ित लोगों के प्रति प्रेम और करुणा भाव लेकर बंगले के परिसर में स्थित चुबका (एक पवित्र जलाशय) के पास रहे। ऐसा माना जाता है कि चुबका का पवित्र जल पीने से लोगों की बीमारी ठीक होने लगी थी। दिल्ली के असंख्य लोगों को महामारी से बचा लिया गया था। आसपास से ही नहीं, बल्कि दूर-दूर से भक्त एक विश्वास के साथ वहां आये और उस पवित्र जल को पीकर अपनी बीमारी से मुक्त हो गये। गुरु हरकिशन गरीब, बीमार और निराश्रित लोगों के बीच जाकर उनकी सहायता करते थे और कपड़े, भोजन तथा दवाइयाँ बांटते थे। दुर्भाग्य से इन सबके बीच गुरु स्वयं चेचक की चपेट में आ गये। जैसे ही मुग़ल सम्राट को पता चला कि गुरु चेचक रोग से ग्रस्त हो गये हैं, गुरु के साथ सम्राट की प्रस्तावित बैठक तत्काल रद्द कर दी गयी। "अपनी बीमारी के पांचवें दिन उन्होंने अपनी माँ को बताया कि उनका अंत निकट आ रहा है और उन्होंने अपने अनुयायियों को यमुना नदी के तट के पास एक स्थान (जहाँ वर्तमान में गुरुद्वारा बाला साहिब स्थित हैं) पर ले जाने के लिए कहा।" (38) गुरु दिल्ली में यात्रा के समय अपनी बीमारी के चौथे दिन तक राजा जय सिंह के बंगले में रहे थे, इसलिए बाद में यह बंगला एक महत्त्वपूर्ण ऐतिहासिक सिख तीर्थ बन गया, जिसे अब गुरुद्वारा बंगला साहिब के नाम से जाना जाता है।

वास्तुकला का विवरण: एक अवलोकन

गुरुद्वारा बंगला साहिब को दिल्ली के लोकप्रिय और सक्रिय ऐतिहासिक गुरुद्वारों में से एक माना जाता है, जहाँ प्रतिदिन असंख्य दर्शनार्थी एवं श्रद्धालु आते हैं। यह आम्बेर के राजा जय सिंह के स्वामित्व वाले बंगले के स्थान पर बना है। दिल्ली के अन्य ऐतिहासिक गुरुद्वारों की भांति इसका भी बार-बार पुनर्निर्माण किया गया है। इस गुरुद्वारे की ख़ूबसूरत मुहाने वाली चारमंज़िला सुंदर इमारत है।

गुरुद्वारा बांग्ला साहिब में बेहद सुशोभित प्रकाश अस्थान का एक करीबी नजारा।

गुरुद्वारे में संगत के लिए एक बड़ा हॉल है। हॉल में परिक्रमा की व्यवस्था के साथ प्रकाश स्थान को बखूबी सजाया गया है। संगमरमर से ढंकी हुई दीवारों पर फूलों के डिज़ाइन और रूपांकनों के साथ ख़ूबसूरत नक्काशी की गयी है। संगमरमर से बने खंभों पर भी सुंदर नक्काशी और सजावटी डिज़ाइन है। भवन के द्वार सुंदर ढंग से उभरी हुई चांदी की चादरों के साथ विभिन्न प्रकार के फूलों के डिज़ाइन और आकृतियों से सजाये गये हैं। ऊंची छत वाले इस हॉल में भवन के पीछे के हिस्से में पहली मंज़िल पर जाने के लिए सीढ़ियाँ हैं। पहली मंज़िल पर अखंड पाठ आयोजित किये जाते हैं।

प्रवेश द्वार के दाहिनी ओर एक चुबका (पवित्र जलाशय) है जो कि पानी का एक चिरस्थायी स्रोत है। आज तक यह माना जाता है कि यही वो जलाशय है जिसके पवित्र

गुरुद्वारा बंगला साहिब का एक विहंगम दृश्यः एक खूबसूरत मुहार के साथ इसकी एक विशाल चारमंजिला इमारत है।

जल से चेचक से पीड़ित रोगी ठीक हो गये थे। यह जलाशय केवल पवित्र ही नहीं है, बल्कि इसमें उपचार की शक्तियाँ भी निहित हैं।

1973 में अमृतसर के हरिमंदिर के सरोवर के अनुरूप इस गुरुद्वारा परिसर में पन्द्रह मीटर गहरे नये सरोवर का निर्माण किया गया था, हालाँकि यह बिलकुल उसकी सटीक नकल नहीं है।

सामाजिक और सांस्कृतिक गतिविधियाँ

गुरुद्वारा परिसर से जुड़ा गुरु-का-लंगर एक समय में 1000 से ज्यादा लोगों के लिए भोजन प्रदान करने की क्षमता रखता है। गुरुद्वारे में प्रतिदिन लगभग चार-पांच हजार

तीर्थयात्री, आगंतुक, शहर के गरीब एवं बदहाल लोग भोजन रूपी प्रसाद ग्रहण करते हैं। यहाँ के गुरु-का-लंगर में सबसे अधिक भीड़ होती है।

सेवा दिन में 12:30 बजे से शुरू होकर रात को 10 बजे तक चलती है। गुरु-का-लंगर के बिलकुल सामने तीर्थयात्रियों और श्रद्धालुओं के ठहरने के लिए एक बड़े अतिथिगृह का निर्माण किया गया है।

गुरुद्वारा बंगला साहिब के संग्रहालय ने पेंटिंग्स और पांडुलिपियों का एक अनूठा संग्रह संजोने का गौरव प्राप्त किया है। सरदार बघेल सिंह के नाम पर बने इस संग्रहालय की स्थापना दिल्ली सिख गुरुद्वारा प्रबंधन समिति ने खालसा द्वारा दिल्ली की ऐतिहासिक जीत और दिल्ली में सिख तीर्थस्थलों के निर्माण में सरदार बघेल सिंह के अनूठे योगदान की स्मृति में की है।

पांडुलिपियों के संग्रह में निम्नलिखित शामिल हैं:

- पांडुलिपि सुखमणि साहिब (हस्तलिखित)।
- पुरानी हस्तलिखित पांडुलिपि गुरबानी गुरु गोबिंद सिंह जी।
- पुरानी हस्तलिखित पांडुलिपि पोथी साहिब गुरु नानक बानी, 1876 ईस्वी।
- 'सूरज प्रकाश" (गुरु तेग बहादुर जी का जीवन) द्वारा भाई संतोख सिंह चूड़ामणि, 1878 ईस्वी (हस्तलिखित)
- 'जन्म साखी बाबा नानक' (द्वारा भाई बाला) जपजी साहिब की पुरानी पाण्डुलिपि के साथ द्वारा आनंद घन उदासी
- 'गुरु नानक प्रकाश' (श्री गुरु नानक का जीवन) पुरानी पाण्डुलिपि द्वारा भाई संतोख सिंह
- 'गुरबिलास गुरु हरगोबिन्द साहिब जी', द्वारा कवि सोहन 1866 ईस्वी

सिख इतिहास और धर्म के अध्ययन के लिए गुरुओं, अन्य सिख नेताओं और हस्तियों की तस्वीरें और सिखों के इतिहास में घटित विभिन्न घटनाओं का चित्रण करती हुई चित्रकलाएं अत्यंत महत्त्वपूर्ण संसाधन सामग्री हैं। ये चित्रकारियाँ 1518 ईस्वी में गुरु नानक की बगदाद याला, श्रीलंका यात्रा, 1520 ईस्वी में अमिनाबाद में बाबर के साथ

उनकी मुलाकात और उनकी मुल्तान की यात्रा को दर्शाती हैं। अन्य महत्त्वपूर्ण चित्रों के अतिरिक्त गुरु अमरदास की उपस्थिति में सम्राट अकबर के चित्रों का उल्लेख किया जा सकता है; 1577 ईस्वी में अमृत कुण्ड 'अमृत सरोवर' का निर्माण; श्री गुरु अर्जन की शहादत (30 मई, 1606); श्री गुरु हरकिशन साहिब द्वारा एक ब्राह्मण चंदूलाल का घमंड तोड़ते हुए और छज्जू नामक एक गरीब जलवाहक को गीता पढ़ने के लिए प्रेरित करते हुए; गुरु हरकिशन द्वारा दिल्ली में चेचक की महामारी पीड़ितों की सहायता करते हुए; गुरु तेग बहादुर द्वारा 1675 ईस्वी में 500 ब्राह्मणों और कश्मीरी उपासकों के प्रतिनिधिमंडल को सभी प्रकार की सहायता और संरक्षण का वचन देते हुए; गुरु तेग बहादुर की बलिदान और उसके बाद भाई जैता और भाई लखी शाह बंजारा के साहसिक कारनामें; भंगानी का युद्ध (पोंटा साहिब, अप्रैल 1687 ईस्वी); चमकौर का किला (22 दिसम्बर, 1704 ईस्वी); शीत मीनार में दादीजी माता गुजरी के साथ युवा साहिबज़ादे (ठंडा बुर्ज; 26 दिसम्बर, 1704 ईस्वी); दल्लाय का मुकदमा (1706 ईस्वी); बाबा बंदा सिंह बहादुर और उनके बहादुर सैनिकों का एक अद्वितीय जुलूस (1716 ईस्वी); बाबा बंदा सिंह बहादुर की शहादत (19 जून, 1716 ईस्वी); लाहौर में सिखों की शहादत (1753 ईस्वी); बीकानेर के लिए सिखों का मार्च; अहमदशाह अब्दाली द्वारा गुलाम बनाई गयीं भारतीय महिलाओं को मुक्त कराते हुए सिख (1762 ईस्वी); सरदार बघेल सिंह जी का दिल्ली में प्रवेश (11 मार्च, 1781 ईस्वी); सिखों का दिल्ली में लाल किले पर कब्जा (11 मार्च, 1781 ईस्वी) और पंजा साहिब में बलिदान (30 अक्टूबर, 1922 ईस्वी) आदि के चित्र लगे हुए हैं।

दिल्ली के सभी अन्य ऐतिहासिक गुरुद्वारों के दैनिक कार्यक्रम लगभग एक जैसे ही हैं। सुबह-सुबह प्रकाश से दिन की शुरुआत के साथ शेष कार्यक्रम भी होते हैं। सुखमनी साहिब गायन, नितनेम, आसा-दी-वार, जपजी, आनंद साहिब, रहरस, आरती कीर्तन, कीर्तन सोहिला और गुरु इतिहास कथा के बाद अरदास और हुकमनामा होता है। इसके बाद प्रसाद वितरण किया जाता है। नियमित रूप से प्रार्थना और सामान्य वर्षगाँठ (गुरु पूरब) के उत्सव के अतिरिक्त, गुरुद्वारे में विशेष रूप से जुलाई-अगस्त माह में गुरु हरकिशन की जयंती मनायी जाती है। हजारों श्रद्धालु और भक्त बालक गुरु को श्रद्धांजलि अर्पित करने और महान उत्साह के साथ उत्सव में भाग लेने के लिए आते हैं।

अन्य प्रासंगिक जानकारियाँ

गुरुद्वारा परिसर में स्थित सहायक इमारतों में से निम्नलिखित इमारतों में सामाजिक कल्याणकारी गतिविधियों का आयोजन किया जाता है:

- गुरु हरकिशन अस्पताल: यहाँ सुबह से दोपहर तक एक निःशुल्क धर्मार्थ बाह्य रोगी विभाग (ओ.पी.डी) चलता है, जिसमें आपातकालीन स्थिति में विभिन्न रोगों का उपचार किया जाता है।
- सिख इतिहास और धर्म का अध्ययन करने के इच्छुक लोगों के लिए एक संदर्भ पुस्तकालय की व्यवस्था है।
- सिख इतिहास और धर्म से संबंधित पुस्तकों के विक्रय की व्यवस्था भी है।

गुरुद्वारा बंगला साहिब राजधानी के केंद्र में स्थित है, इसलिए इस पवित्र तीर्थ में आगंतुकों की संख्या दिल्ली के अन्य ऐतिहासिक गुरुद्वारों की अपेक्षा अधिक होना स्वाभाविक है। यहाँ तक कि इस गुरुद्वारे में एक वर्ष में आने वाले विदेशी आगंतुकों की कुल संख्या रजिस्टर में दैनिक प्रविष्टियों के आधार पर लगभग 50,000 है। सूचना अधिकारी के अनुसार अधिकतम विदेशी पर्यटक फ्रांस से आते हैं। इस गुरुद्वारे में आने वाले दर्शकों और श्रद्धालुओं की संख्या को ध्यान में रखते हुए संबंधित अधिकारियों ने मंदिर के मुख्य प्रवेश द्वार के सामने एक बड़े पार्किंग परिसर का निर्माण किया है।

बाला साहिब

ऐतिहासिक पृष्ठभूमि और संबंधित मिथक एवं किंवदंतियाँ

दिल्ली में गुरुद्वारा बाला साहिब को सर्वाधिक पवित्र ऐतिहासिक तीर्थस्थानों में से एक माना जाता है। 30 मार्च, 1664 ईस्वी को गुरु हरकिशन का इसी जगह अंतिम संस्कार किया गया था। यह जगह इसलिए भी सम्मानित है, क्योंकि यहाँ पर माता सुन्दरी और माता साहिब देवण (गुरु गोबिंद सिंह की माता और समर्पित पत्नी) दोनों का अंतिम संस्कार किया गया था। उनकी समाधियाँ भी इस गुरुद्वारे के परिसर में संरक्षित हैं।

मथुरा रोड और रिंग रोड के मोड़ और निज़ामुद्दीन रेलवे स्टेशन के पास और दक्षिण दिल्ली में गाँव किलोकरी के बीच स्थित इस गुरुद्वारे में गुरु हरकिशन की पवित्र स्मृति बसी है। इसी स्थान पर एक टेंट में रहते हुए गंभीर बीमारी के कारण पांचवें दिन उनकी मृत्यु हो गयी थी।

गुरु हरकिशन का अंतिम संस्कार वहाँ किया गया था जहाँ वर्तमान गुरुद्वारा बाला साहिब (उनके उपनाम "बाला पीर" के नाम पर रखा गया है) का निर्माण किया गया है। उनकी राख को उनके जन्मस्थान कीरतपुर साहिब (जो रोपड़ जिले, पंजाब में आनंदपुर साहिब के निकट सतलज नदी के तट पर स्थित है) ले जाकर पाटलपुरी (कीरतपुर साहिब में ही) में एक कलश में सम्मान और श्रद्धा के साथ संरक्षित किया गया था। इसी जगह गुरु हरगोबिन्द ने अपनी अंतिम सांस ली थी। अपनी मृत्यु से पहले बालक गुरु हरिकिशन ने अपनी माँ और सभी लोगों को मृत्यु का शोक करने के लिए मना किया था। गुरु की इच्छानुसार उनके बाद कोई विलाप नहीं किया गया, कोई नहीं रोया, बस वहाँ पवित्र भजन और भगवान के नाम का जाप होता रहा।

"गुरुओं ने अपने अनुयायियों को सशक्त कर्तव्यों (किर्त करो) के माध्यम से अपना जीवन व्यतीत करने के लिए प्रोत्साहित किया, दूसरों के साथ अपने श्रम का फल

सामने का पृष्ठः
बाला साहिब गुरुद्वारा परिसर में यहाँ माता सुंदरजी का अंतिम संस्कार किया गया था, जिनकी राख पर इस स्मारक (समाधि) का निर्माण किया गया।

पृष्ठ 68-69ः
दक्षिणी दिल्ली में मथुरा रोड और रिंग रोड के मोड़ के बीच स्थित गुरुद्वारा बाला साहिब का एक दृश्य। इस गुरुद्वारे का निर्माण उस स्थान पर किया गया जहाँ गुरु हरिकृष्ण की एक टेंट में रहते हुए अपनी गंभीर बीमारी के चलते पांचवें दिन मृत्यु हो गयी थी।

साझा करते हुए (वन्ड छको) और भगवान के नाम का अनुसरण (नाम जपो) करने के लिए कहा।" (39)

इसमें दो प्रकार के भगवान के नाम हैं : गुणवाचक नाम जो ईश्वर की शक्ति का वर्णन करता है और सच्चा नाम जो कि गुरु के व्यक्तिगत अनुभव और दिव्य शक्ति की दृष्टि से उत्पन्न होता है। गहन ध्यान की आंतरिक चेतना में नाम का विचार किया जाता है और उसे दोहराया जाता है। "गहरे अर्थ में सच्चे नाम से हम किसी वस्तु का नहीं, बल्कि उसकी कुल शक्ति, गुणवत्ता, वास्तविक चरित्र का वर्णन करते हैं जिसमें पैगंबर ने रहस्यवादी शक्ति और उसकी उपस्थिति का अनुभव करने की कोशिश की है। सच्चा नाम उसकी शक्ति, उसके प्रकाश, उसके ज्ञान का अवतार है।"(40)

नाम में, भगवान की आत्मा बसती है,
काश, नाम मेरे अंदर निवास करे।
गुरु के बिना हम अंधकार में चलते हैं;
शब्द के बिना हम जीवन का अर्थ नहीं समझते।
गुरु का वचन प्रकाश है।
उसके शब्द का प्रकाश सत्य की ओर ले जाता है।(41)

वास्तुकला का विवरण: एक दृष्टि

बाला साहिब गुरुद्वारे को पहले 1783 ईस्वी में सरदार बघेल सिंह ने दिल्ली में आवास के समय बनवाया था। इसकी वर्तमान इमारत का पुनर्निर्माण कुछ वर्षों पहले स्वर्गीय बाबा हरबंस सिंह द्वारा किया गया। भवन की वास्तुकला दिल्ली के अन्य ऐतिहासिक तीर्थों के सामान ही है जिनका पुनर्निर्माण भी स्वर्गीय बाबा हरबंस सिंह द्वारा किया गया है। इमारत परिसर के मुख्य आकर्षणों में एक अलग से बना स्मारक (समाधि) है। ये स्मारक माता सुंदरीजी के अंतिम संस्कार के बाद चिता की राख पर बना है। माता साहिब देवण के अंतिम संस्कार के बाद उनकी राख पर खड़ा किया गया अन्य स्मारक अब मुख्य इमारत का एक हिस्सा है जो गुरुद्वारा भवन के मुख्य प्रवेश द्वार के दायीं ओर दिखाई देता है।

सामने का पृष्ठ:
गुरुद्वारा बाला साहिब की इमारत के अंदर स्थित प्रकाश स्थान।

ਸ੍ਰੀ ਹਰਿਕ੍ਰਿਸ਼ਨ ਧਿਆਈਐ ਡਿਠੈ ਸਭਿ ਦੁਖ ਜਾਇ ॥

सामाजिक-सांस्कृतिक गतिविधियाँ

बाला साहिब गुरुद्वारे में गुरु नानक और गुरु गोबिंद सिंह का जन्मदिन मनाया जाता है तथा गुरु अर्जन देव (पांचवें गुरु) और गुरु तेग बहादुर (नौवें गुरु) की शहादत का भी सम्मान किया जाता है। मुख्य उत्सव गुरु हरकिशन के जीवन से सम्बन्धित ज्योति जोत गुरुपर्व है। यह उत्सव हर साल अप्रैल के महीने में एक दिन के लिए मनाया जाता है। आसपास के इलाकों और दक्षिणी दिल्ली के क्षेत्रों से यहाँ एक बड़ी संख्या में श्रद्धालु और भक्त आते हैं।

जाति, पन्थ, धर्म और राष्ट्रीयता को परे रखते हुए लोगों को आवश्यक चिकित्सा सहायता प्रदान करने के लिए गुरुद्वारा ने अपने परिसर में 400 बिस्तर के एक अस्पताल का निर्माण किया है। इस परियोजना को स्वर्गीय बाबा हरबंस सिंह कारसेवा वाले द्वारा प्रायोजित किया गया था। यहाँ गुरुद्वारा परिसर के भीतर ही एक 50 बिस्तर वाला अस्पताल और एक दवाखाना भी है। नाममात्र के दान के अतिरिक्त रोगियों को उपचार और दवाओं के लिए कोई भुगतान करने की आवश्यकता नहीं होती। प्रायः रोगी आसपास के इलाकों से आते हैं, विशेष रूप से किलोकरी गाँव से। वे अधिकतर मुस्लिम समुदाय से संबंधित होते हैं।

इस गुरुद्वारे में गुरु-का-लंगर (गुरुद्वारा परिसर से जुड़ा हुआ) सामाजिक समानता बनाये रखने में एक महत्त्वपूर्ण भूमिका निभाता है। आज भी लोगों को याद रखना चाहिए, "युवा गुरु जिन्होंने लोगों की पीड़ा को खुद पर ही लेने का फैसला किया और उन्हें चेचक की बीमारी ने घेर लिया। बहुत से लोग उनके द्वारा दी गयी संवेदनशील देखभाल से ठीक हो गये, लेकिन उनके खुद के लिए ये रोग ईश्वर की इच्छा का प्रतीक था कि अब उन्हें अपने शरीर को त्याग देना चाहिए। युवा गुरु अपनी सभी अलौकिक प्रतिभा और शक्तियों के होते हुए भी सादा जीवन जीते थे और उसी तरह अपने शरीर को त्यागना चाहते थे।"(42)

अन्य प्रासंगिक जानकारियाँ

क्षेत्र के स्थानीय निवासियों के अनुसार 1986 तक गुरुद्वारा परिसर में एक पुराना कुआँ और पीपल का पेड़ था। समय के साथ, सांस्कृतिक और पर्यावरणीय विरासत के ये साक्षी

गुरुद्वारा परिसर के पुनर्निर्माण की प्रक्रिया में नष्ट हो गये। बाबा बीर-सिंह-की-गुमटी नामक एक मीनार सांस्कृतिक धरोहर का एकमात्र सजीव साक्ष्य गुरुद्वारा परिसर से ही जुड़े हुए डी ब्लॉक क्वार्टर के सामने स्थित है। बाबा बीर सिंह सिख धर्म के एक अनुयायी रहे हैं। इस गुमटी में उनका रहना बाल गुरु के प्रति उनके अत्यधिक सम्मान को दर्शाता है। मध्यम ऊंचाई वाली इस दोमंज़िला गोल आकार की मीनार (गुमटी) में भूतल और ऊपरी तल के लिए अलग-अलग प्रवेश द्वार हैं। गुमटी का भूतल वाला भाग दिल्ली सिख गुरुद्वारा प्रबंधन समिति के एक स्टाफ़ सदस्य के कब्जे में है। यद्यपि यह मीनार अच्छी स्थिति में है, लेकिन दिल्ली सिख गुरुद्वारा प्रबंधन समिति को इसके रख-रखाव के लिए समुचित कदम उठाना आवश्यक है।

सीस गंज साहिब

ऐतिहासिक पृष्ठभूमि और संबंधित मिथक एवं किंवदंतियाँ

गुरुद्वारा सीस गंज साहिब को सर्वाधिक पवित्र ऐतिहासिक तीर्थों में से एक माना जाता है। यह गुरु तेग बहादुर की शहादत को समर्पित एक स्मारक है। गुरु गोबिंद सिंह के शब्दों में इन्होंने हिन्दुओं के धार्मिक मूल्यों के संरक्षण के लिए अपना जीवन त्याग दिया। 11 नवम्बर, 1675 ईस्वी को गुरु का इसी स्थान पर सबके सामने सिर कलम कर दिया गया था। अपने पूर्वज़ और महान पिता की शहादत के बारे में लिखते हुए गुरु गोबिंद सिंह ने बचितर नाटक में कहा था:-

गुरु तेग बहादुर ने औरंगज़ेब के सिर पर अपना सांसारिक पात्र तोड़ दिया,
और ईश्वर के घर चले गये।
इससे पहले किसी ने भी इस तरह का महान कार्य नहीं किया था, जैसे गुरु तेग बहादुर ने अपने प्राण त्याग कर किया।
जब गुरु तेग बहादुर का निधन हो गया,
पूरा संसार दुःख में डूब गया,
अफ़सोस! अफ़सोस! कि पृथ्वी पर लगे गुलाब भी रोते हैं;
स्वर्ग में भी महिमा ! और यश! की आवाज़ें गूंजती हैं।(43)

गुरु तेग बहादुर, सिखों के नौवें गुरु (1621-1675 ईस्वी), जिन्होंने हिन्दुओं के धार्मिक प्रतीकों के संरक्षण के लिए अपने प्राण त्याग दिए।

मुग़ल सम्राट औरंगज़ेब की धार्मिक असहिष्णुता की नीति के कारण उसके शासनकाल में हिन्दुओं पर अत्यधिक अत्याचार हुए। उसने मौलवियों को मूर्तिपूजा के समय होने वाले सभी प्रदर्शनों पर निग़रानी करने के लिए नियुक्त किया। उसने हिन्दू पर्वों के अवसर पर लगने वाले

मेलों पर भी पाबंदी लगा दी थी। सम्राट ने अनेक योगियों, संन्यासियों और अन्य धार्मिक व्यक्तियों को अपने राज्य से बाहर निकाल दिया था।

औरंगज़ेब को उनके सलाहकार मौलवियों और उलेमाओं ने कहा था कि यदि वह 'दर-उल-हर्ब' को 'दर-उल-इस्लाम' में परिवर्तित करना चाहते हैं तो उन्हें सबसे पहले देश के ब्राह्मणों का धर्मातंरण करना चाहिए, क्योंकि वे ही हिन्दू धर्म के प्रतिपादक हैं। एक बार अगर इन लोगों का धर्मातंरण हो गया तो देश में 'दर-उल-इस्लाम' स्थापित करना आसान होगा। औरंगज़ेब ने उनकी सलाह को मान कर आदेश ज़ारी किया कि कश्मीर, काशी, प्रयाग, कुरुक्षेत्र और हरिद्वार के ब्राह्मणों का धीरे-धीरे धर्म परिवर्तन कर दिया जाए। इसके कारण औरंगज़ेब ने सैकड़ों ब्राह्मणों को क़ैदख़ाने में डाल दिया। सम्राट के आदेशानुसार कश्मीर का वायसराय शेर अफ़गान ख़ान (इफ़्तिखार ख़ान) ने ब्राह्मणों का दमन करना शुरू कर दिया। कहा जाता है कि उसने ब्राह्मणों द्वारा पहने जाने वाले पवित्र धागे अर्थात् जनेऊ के बंडल सम्राट को भेजे। ये जनेऊ उन ब्राह्मणों के थे जिनका या तो धर्म परिवर्तन करा दिया था या फिर उन्हें जान से मार दिया था।

उत्तर भारत के पीड़ित ब्राह्मणों ने कुछ हिन्दू नेताओं से इस मामले में हस्तक्षेप करने की अपील की लेकिन उन्होंने भी अपने हाथ खड़े कर दिये। अंत में बनारस से लेकर श्रीनगर तक विभिन्न संस्थाओं का प्रतिनिधित्व करने वाले लगभग 500 ब्राह्मण पंडित कृपाराम के नेतृत्व में नौवें गुरु गुरु तेग बहादुर के पास आनंदपुर गये। उन्हें आशा थी कि गुरु तेग बहादुर उनका सम्मान और विश्वास संरक्षित कर सकते हैं, क्योंकि वे पूजा की स्वतंत्रता के अधिकार में विश्वास करते थे।

जब औरंगज़ेब द्वारा पीड़ित ब्राह्मण आनंदपुर पहुंचे, उस समय गुरु तेग बहादुर एक दरबार को संबोधित कर रहे थे। गुरु का धर्मोपदेश समाप्त होने पर कृपाराम उनके सामने आये और उन्हें कश्मीर में औरंगज़ेब के गवर्नर इफ़्तिख़ार खान द्वारा उन पर किये गये अत्याचारों से अवगत कराया। गुरु ने हिन्दुओं पर होने वाली यातनाओं और पीड़ा की भयावह कहानियाँ और महिलाओं, पुरुषों और यहाँ तक कि छोटे बच्चों के जबरन धर्मातंरण की बातें शांति से सुनी। ब्राह्मणों पर होने वाली प्रताड़ना से गुरु बुरी तरह विचलित हो गये।

पृष्ठ 78ः
प्रार्थना करने के प्रकाश स्थान के ठीक नीचे, तहखाने में एक छोटा सा कमरा है, जो कि वह पवित्र स्थान है, जहाँ गुरु तेगबहादुर ने अपने जीवन का बलिदान दिया था। इस कमरे को प्रकाश स्थान के रूप में भी प्रयोग किया जाता है जहाँ गुरु ग्रन्थ साहिब विराजमान हैं।

पृष्ठ 76-77ः
गुरुद्वारा सीस गंज साहिब का सामान्य दृश्य। दिल्ली के अन्य ऐतिहासिक गुरुद्वारों की तुलना में यह इमारत कुछ हद तक विभिन्न प्रकार की वास्तुकला का प्रतिनिधित्व करती है।

अपने छोटे पुत्र गोबिन्द द्वारा प्रोत्साहित करने पर गुरु तेग बहादुर ने ब्राह्मणों को सलाह दी कि वे सम्राट औरंगज़ेब के पास जायें और उससे कहें कि यदि पहले उनके गुरु तेग बहादुर इस्लाम धर्म को स्वीकार कर लें तो वे सभी इस्लाम को अपनाने के लिए तैयार हैं। गुरु ने उन्हें यह भी सलाह दी कि सम्राट तक यह याचिका लाहौर के गवर्नर के माध्यम से पहुँचाएं।

पंडित कृपाराम और उनके सहयोगियों ने लाहौर के तत्कालीन गवर्नर ज़ालिम ख़ान के माध्यम से औरंगज़ेब तक यह याचिका भिजवाई कि यदि वह गुरु तेग बहादुर का धर्मांतरण करने में सफल हो गये तो सभी ब्राह्मण इस्लाम स्वीकार कर लेंगे। इस याचिका को पढ़ने के बाद सम्राट बहुत प्रसन्न हुआ और आगरा से उसने गुरु को उसके समक्ष अदालत में पेश होने का आदेश ज़ारी किया। उसने चार अधिकारियों को आनंदपुर जाने का निर्देश दिया और सम्राट के आदेश को गुरु को सौंपने के लिए कहा। गुरु तेग बहादुर ने सम्राट को एक उत्तर भेजा कि वह स्वयं अपनी मर्ज़ी से मानसून के बाद दिल्ली आएंगे।

यह 1675 में जून महीने में गुरु ने अपने पांच भक्तों, भाई मती दास, भाई सती दास, भाई दयाल दास, भाई उधे और भाई गुरदित्ता के साथ दिल्ली के लिए प्रस्थान किया। "गुरु ने दिल्ली जाने से पहले अपने नौजवान बेटे को बुलाया और उसे अपने गुरु गुरु हरकिशन की तलवार सौंपते हुए सिखों के गुरु के रूप में उनका अभिषेक किया। उन्होंने अपने बेटे को बताया कि वे खुद को मौत की ओर ले जा रहे हैं। उन्होंने कहा कि वह उनके शरीर को कुत्तों के लिए ना छोड़ें। उन्होंने उसे बदला लेने की अनिवार्यता और योग्यता के विषय में समझाया।" (44) गुरु तेग बहादुर आनंदपुर से दिल्ली जाने के रास्तों पर कई जगह रुके जिससे उनकी यात्रा में देरी हो गयी। औरंगज़ेब अधीर हो गया। काज़ियों और मुल्लाओं ने उससे कहा कि गुरु दिल्ली आने से बचने की कोशिश कर रहे हैं। औरंगज़ेब ने बिना कोई देर किये दो विश्वसनीय दूतों को गुरु को खोजने और दिल्ली लाने के लिए आनंदपुर भेजा। ये दूत गुरु का पता लगाने के लिए अमृतसर और कई अन्य स्थानों पर गये लेकिन उन्हें खोजने में विफल रहे। उन्होंने औरंगज़ेब को बताया कि गुरु तेग बहादुर फ़रार हो गये हैं, इसलिए औरंगज़ेब ने उनकी गिरफ़्तारी का वारंट ज़ारी कर दिया।

सामने का पृष्ठ: *एक चित्रकला जिसमें भाई मती दास (गुरु तेगबहादुर के एक साथी) को एक आरे से दो टुकड़ों में काटते हुए दिखाया गया है।*

सामने का पृष्ठ बीच में: *चित्रकला से पता चलता है कि भाई दयाल सिंह (गुरु तेग बहादुर के एक अन्य साथी) को एक देगची में उबलते हुए पानी में फेंक दिया गया। उन्होंने इस दर्दनाक यातना को बिना मुँह से एक शब्द निकाले सहा।*

सामने का पृष्ठ पर नीचे: *सम्राट औरंगज़ेब ने गुरु तेगबहादुर को एक छोटे से लोहे के पिंजरे में कैद करने का निर्देश दिया। पेंटिंग से पता चलता है कि गुरु तेगबहादुर को एक छोटे से पिंजरे में कैद किया गया था, जहाँ उन्हें कई दिनों तक गंभीर यातनाएं दी गयीं थीं।*

नीचे: पेंटिंग दर्शाती है कि कैसे भाई सती दास (गुरु तेगबहादुर के एक साथी) के चारों तरफ़ कपास लपेटी गई और फिर उसमें आग लगा दी गयी।

दूसरी ओर गुरु तेगबहादुर ने अपनी दिल्ली की यात्रा ज़ारी रखी। वह सम्राट से मिलने के लिए पहले आगरा गये, लेकिन उस समय सम्राट दिल्ली में थे। गुरु को आगरा के किले में बताया गया कि सम्राट पहले ही दिल्ली के लिए प्रस्थान कर चुके हैं, इसलिए गुरु को भी वहाँ ले जाया जाएगा। साथ ही औरंगज़ेब को गुरु की गिरफ़्तारी के बारे में सूचित कर दिया गया। प्रसन्न होकर औरंगज़ेब ने गुरु को तुरंत दिल्ली लाने का आदेश दिया।

हालाँकि औरंगज़ेब के दिल्ली आगमन की तिथि के बारे में एक विरोधाभास है। पूर्व विद्वान् जे. डी. कन्निंघम और डॉ. त्रिलोचन सिंह का मानना है कि औरंगज़ेब लगभग 1675 ईस्वी के मध्य में दिल्ली पहुंचा था। लेकिन आधुनिक शोधों से पता चलता है कि औरंगज़ेब मार्च 1674 से दिसम्बर 1675 ईस्वी तक दिल्ली और आगरा से दूर था। वह 27 मार्च, 1676 ईस्वी को दिल्ला पहुँचा था। किरपाल सिंह और खड़क सिंह द्वारा सम्पादित तथा शिरोमणि गुरुद्वारा प्रबन्धक समिति, अमृतसर द्वारा 2004 में प्रकाशित 'सिख और उनके धर्म का इतिहास' नामक किताब में सुरजीत सिंह गाँधी ने गुरु नानक नामक अपने अध्याय में नौवें-गुरु तेगबहादुर पर उपलब्ध प्रमाण के आधार पर कहा है कि औरंगज़ेब दिल्ली से 17 अप्रैल, 1674 ईस्वी को हसन अब्दल के लिए निकल गया था और 26 जून, 1674 ईस्वी को वहाँ पहुँचा था। सम्राट का उद्देश्य कंधार से अट्टोक तक पठान की भूमि में शाही हुकूमत बहाल करना था, जहाँ विभिन्न जनजातियों ने मुग़ल अधिकार को चुनौती दी थी और मुग़लों के विरुद्ध खुला विद्रोह तेज हो गया था। औरंगज़ेब जून 1674 से दिसम्बर 1675 तक वहाँ रहा। 24 फ़रवरी, 1676 ईस्वी को उसने लाहौर छोड़ दिया और 27 मार्च, 1676 ईस्वी को वो दिल्ली पहुँच गया। औरंगज़ेब के प्रशासन में सेवा करने वाले साकी मस्तान ख़ान द्वारा लिखित *मासिर-इ-आलमगिरी* के सकारात्मक साक्ष्य से यह भी प्रमाणित हो गया है कि गुरु तेगबहादुर की शहादत के समय सम्राट वहाँ उपस्थित नहीं था। *मासिर-इ-आलमगिरी* में औरंगज़ेब की उपरोक्त यात्रा के कार्यक्रमों की तारीख़ों की भी पुष्टि की गयी है।

यद्यपि सम्राट दिल्ली में उपस्थित नहीं था, उसने आदेश दिया कि गुरु तेगबहादुर को लोहे के पिंजरे में कैद कर दिल्ली लाया जाये। तत्पश्चात् एक लोहे के पिंजरे में बंद करके गुरु को 4 नवम्बर, 1675 ईस्वी को दिल्ली ले जाया गया। उन्हें जंजीरों में बांधकर रखा गया और उन पर तब तक अत्याचार करने का आदेश दिया गया जब तक कि वे इस्लाम कुबूल नहीं कर लेते। सम्राट के मंत्रियों और मुख्य काज़ी ने भी गुरु से इस्लाम कुबूल करवाने की पूरी कोशिश की लेकिन गुरु तेगबहादुर का धर्म परिवर्तन करवाने में विफल रहे। सम्राट ने यह भी आदेश दिया कि अगर गुरु उनका आदेश नहीं मानते तो उनके समर्पित अनुयायियों को उनके सामने मौत के घाट उतार दिया जाए। उसने ऐसा इस विश्वास के साथ किया कि गुरु अपने अनुयायियों की मौत के भयानक दृश्यों को देखकर डर जायेंगे और इस्लाम अपना लेंगे।

अगले दिन गुरु तेगबहादुर के साथी (भाई उधे और भाई गुरदित्ता को छोड़कर, जिन्हें गुरु ने वह जगह छोड़ने के लिए कह दिया था) भाई मती दास, भाई सती दास और भाई दयाल दास को मौत के घाट उतार दिया गया। मती दास के शरीर को एक आरी से दो टुकड़ों में काट दिया गया और दयाल दास को उबलते पानी की कड़ाही में डाल दिया गया था। सती दास को चारों ओर से कपास में लपेटकर उनके शरीर में आग लगा दी गयी थी। उनके शरीर को टुकड़ों में काटकर आम लोगों को सार्वजनिक रूप से दिखाया गया। ऐसा करने में उनका स्पष्ट उद्देश्य यह दिखाना था कि पूजा की स्वतंत्रता के आन्दोलन का नेतृत्व करने वालों को कितनी गंभीर यातनाओं का सामना करना पड़ सकता है। जब गुरु तेगबहादुर को धर्मांतरण के लिए राज़ी नहीं करवाया जा सका तो उन्हें अपने मिशन की दिव्यता को साबित करने के लिए कुछ चमत्कार करने के लिए कहा गया। गुरु ने यह कहकर चमत्कार दिखाने के लिए मना कर दिया कि किसी भी इंसान द्वारा ईश्वर की इच्छा में हस्तक्षेप करने का प्रयास करना, न पहले कभी सही था और न अब सही होगा।

जब गुरु तेग बहादुर को इस्लाम स्वीकार करने के लिए राज़ी करने के सारे प्रयास विफल हो गये तो सम्राट ने आदेश दिया कि चाँदनी चौक में गुरु को सबके सामने मृत्युदंड दिया जाये।

और फ़िर वह प्राणघातक दिन आ ही गया। गुरुवार 11 नवम्बर, 1675 ईस्वी को गुरु तेगबहादुर को लोहे के पिंजरे से बाहर निकाला गया। उन्हें पास के कुएँ पर स्नान की अनुमति दी गयी। उसके बाद गुरु एक बरगद के पेड़ के नीचे बैठ गये और उन्होंने जपजी पढ़ना शुरू कर दिया। फिर गुरु को खुले स्थान पर लाया गया जहाँ जल्लाद, समाना का जलालुद्दीन, हाथ में तलवार लिए अपने स्वामी के आदेश पर अपने काम को अंजाम देने के लिए तैयार खड़ा था। लोगों की एक बड़ी भीड़ अपने अन्दर गुस्से को समेटे स्थिर होकर खड़ी थी। गुरु ने अपने हाथ उठाकर उन्हें आशीर्वाद और सांत्वना दी। जनता की आँखों में आँसू भर आये और उन्होंने अपनी आँखें बंद कर लीं ताकि वे अपने सामने होने वाले भयावह दृश्य को ना देख सकें।

कुछ पल ऐसे ही निकल गये, फ़िर जल्लाद ने अपनी तलवार लहराई और गुरु का सिर काट दिया। उनका कटा हुआ शरीर चाँदनी चौक में पड़ा था और मुग़ल साम्राज्य के भय से किसी को भी उस पर दावा करने की हिम्मत नहीं हुई। रात्रि के अंत में एक निचली जाति के रंगरेता भाई जैता ने गुरु के कटे हुए सिर को उठाकर गुप्त रूप से अंतिम संस्कार के लिए आनंदपुर तक पहुँचाया। ऐसा कहा जाता है कि उस दिन शहर में एक बड़ा तूफ़ान आया जिसने हर किसी की आँखों को धूल से भर दिया। पूरी दिल्ली में आतंक छाया हुआ था। कुछ लोग असहाय होकर रोये, कुछ चिल्लाये और अपनी छाती को असहनीय पीड़ा और पश्चाताप से पीटने लगे। "इस प्रकार गुरु तत्कालीन शासक की धार्मिक कट्टरता का शिकार बन गये। उन्होंने हिन्दुओं की पवित्रता की रक्षा के लिए अपने विवेक और पूजा की स्वतंत्रता के लिए और धर्म के लिए, धर्मपरायणता के लिए अपने जीवन का बलिदान दे दिया।"(46)

अपने महान पिता की शहादत के बारे में लिखते हुए गुरु गोबिंद सिंह ने *बचितर नाटक* में कहा है :

उन्होंने अपने जीवन का बलिदान दिया,
हिन्दुओं के अधिकारों की रक्षा के लिए,
पवित्र जनेऊ और जाति के प्रतीकों को पहनने के लिए;
उन्होंने इस अँधेरे युग में सर्वोच्च बलिदान दिया,
उन्होंने अपना सिर कलम करवाया, लेकिन दर्द में एक शब्द भी नहीं कहा,
उन्होंने धर्म की रक्षा के लिए बलिदान दिया,
उन्होंने महान वीरतापूर्ण कार्य किया।
वे अपना सिर कटवाने के लिए तैयार हो गये,
पर अपनी आस्था को नहीं त्यागा।
उन्होंने चमत्कार करने से इनकार कर दिया,
लोगों को मूर्ख बनाने का एक घटिया तरीका,
ऐसे कामों के लिए भगवान के लोग लज्जित होते हैं।(47)

इतिहास उन शहीदों की कहानियों से भरा हुआ है जिन्होंने धर्म की रक्षा के लिए सत्ता का विरोध किया था। ऐसे लोगों को पहले गिरफ़्तार किया गया था और बाद में मार डाला गया। लेकिन गुरु तेगबहादुर की शहादत मानव जाति के इतिहास में एक अनोखी और अनूठी घटना थी कि वह स्वयं आनंदपुर से दिल्ली आये थे और एक ऐसे धर्म की रक्षा के लिए अपने जीवन का बलिदान कर दिया, जिसमें उन्हें स्वयं भी विश्वास नहीं था और वे इसमें सुधार लाने का प्रयत्न कर रहे थे। डॉ. इन्द्रभूषण बनर्जी के शब्दों में, "गुरु तेगबहादुर का इस प्रकार स्वेच्छा से शहीद होना धर्म की रक्षा के लिए एक महान बलिदान था। सम्राट की शक्ति और अपनी तुलनात्मक असहाय स्थिति को पूरी तरह से जानने के बाद भी उन्होंने पीड़ित हिन्दुओं की रक्षा के लिए ये कदम उठाया। सम्राट की दृष्टि में उनका यह अपराध अत्यंत गंभीर था और इसमें कोई आश्चर्य नहीं कि उनका सिर काटकर मृत्युदंड दिया गया।"(48)

वह जगह जहाँ पर गुरु तेगबहादुर शहीद हुए थे, वहीं गुरुद्वारा सीस गंज साहिब स्थापित है। यह दिल्ली के सबसे समृद्ध व्यवसाय केंद्र चांदनी चौक में स्थित है। पीपल के पेड़ का वह तना जिसके नीचे गुरु शहीद हुए थे, उसे संरक्षित किया गया है। गुरु जेल

गुरुद्वारा सीस गंज साहिब के अंदर का दृश्य, जिसमें प्रकाश स्थान और संगत के लिए एक हॉल मौजूद है।

में रहते हुए जिस जगह से स्नान के लिए पानी लिया करते थे, और शहादत से पहले भी उसी जगह से पानी लिया था, वह अभी भी उसी जगह पर स्थित है।

वास्तुकला का विवरण: एक अवलोकन

यह पवित्र तीर्थ जहाँ गुरु तेगबहादुर शहीद हुए थे, 1783 ईस्वी तक गुमनामी में रहा था। 9 मार्च, 1783 ईस्वी को जस्सा सिंह रामगढ़िया, बघेल सिंह करोरसिंघिया और राय सिंह भंगी के नेतृत्व में सिख इम्पीरियल राजधानी (दिल्ली क्रॉनिकल 350-351) के लिए बढ़े और और लाल किले पर आक्रमण किया। इस आकस्मिक आक्रमण से शहर में आतंक पैदा हो गया और दिल्ली कोर्ट ने संधिवार्ता शुरू की। सिखों को तीन लाख रुपये नकद और दिल्ली में अपने ऐतिहासिक गुरुद्वारों की स्थापना की अनुमति

दी गयी। आहलुवालिया मिस्ल के संस्थापक और दल खालसा के नेता जस्सा सिंह आहलुवालिया की अचानक मृत्यु के कारण मिस्ल सरदार ने जस्सा सिंह रामगढ़िया को पंजाब आने के लिए आमंत्रित किया। "बघेल सिंह करोरसिंघिया गुरुओं के चरणों से पवित्र हुए स्थानों पर विशेषकर जहाँ गुरु तेगबहादुर शहीद हुए थे, ऐतिहासिक तीर्थ-स्थलों के निर्माण के लिए चार हजार सिख सैनिकों के प्रमुख के रूप में दिल्ली में डटे रहे"(49)। यह अनुमान लगाया जा सकता है कि 1675 से 1783 ईस्वी की अवधि में गुरु तेगबहादुर की शहादत के स्थान पर कोई सिख गुरुद्वारा नहीं बनाया गया था। यह माना जाता है कि 1707 ईस्वी में दिल्ली में आवास के दौरान गुरु गोबिंद सिंह ने सिख गुरुओं के दौरों और शहादत द्वारा पवित्र किये गये सटीक स्थलों की पहचान की थी। जो स्थान निशान साहिब (सिख ध्वज) खड़ा करके सीमांकित किये गये वो गुरु नानक प्याऊ, मजनू टीला, बंगला साहिब, बाला साहिब, सीस गंज और रकाब गंज थे। इन्हें समय के साथ मस्जिदों में बदल दिया गया था। सरदार बघेल सिंह द्वारा मौके पर की गयी जाँच में इस तथ्य का पता चलता है कि पीपल के पेड़ के स्थान पर जहाँ गुरु तेगबहादुर शहीद हुए थे, एक मस्जिद का निर्माण किया गया था। सरदार बघेल सिंह ने मस्जिद को विध्वंस करने का काम शुरू किया। जैसे ही काम तेजी से बढ़ा, हजारों मुसलमान मस्जिद की रक्षा के लिए वहाँ आ गये। सरदार सिंह बघेल सिंह के नेतृत्व में सिखों ने बेहद हिम्मत से उनका सामना किया और उन्हें वहाँ से भगा दिया। जब मुग़ल सम्राट आलम शाह द्वितीय के पास यह मामला पहुँचा तो उसने मुसलमानों को बताया कि सिखों ने इस आश्वासन पर ही दिल्ली छोड़ने की सहमति जताई है कि उनके सभी पवित्र ऐतिहासिक स्थानों को जिनका उनके पवित्र गुरुओं ने दौरा किया था, गुरुद्वारों के निर्माण के लिए बहाल किया जाएगा और उसे यह वादा पूरा करना पड़ेगा। सम्राट की इच्छानुसार मस्जिदों के विध्वंस में बाधा डालने वाले लोगों के नेता सादत अली ख़ान ने गुरु तेगबहादुर की शहादत के स्थान पर गुरुद्वारा बनाने के सिखों के अधिकार पर सहमति व्यक्त की। "सम्राट ने भी पिपली गाँव से 4000 रुपये की एक जागीर गुरुद्वारे के लिए प्रदान करके एक नेक काम किया। जब सरदार बघेल सिंह पंजाब के लिए रवाना हो गये, तो मुस्लिम कट्टरपंथियों ने मस्जिद बनाने के लिए इस गुरुद्वारे को ध्वस्त कर दिया"।(50)

जब 1857 में प्रथम भारतीय स्वतंत्रता संग्राम को अंग्रेज़ों द्वारा कुचल दिया गया था, तब सिख धर्म के अनुयायी, जींद के राजा सरूप सिंह ने मस्जिद को ध्वस्त करने और एक गुरुद्वारे के पुनर्निर्माण की अनुमति प्राप्त की। लेकिन कुछ मुसलमान कलकत्ता उच्च न्यायलय में पहुँच गये और वहाँ से मस्जिद बनी रहने का आदेश प्राप्त कर लिया और एक बार फिर गुरुद्वारे को ध्वस्त कर दिया गया। अंत में, जींद के राजा रणबीर सिंह इस मामले को प्रिवी परिषद में ले गये जिन्होंने सिखों के पक्ष में निर्णय दिया। इस प्रकार 1861 में मस्जिद को ध्वस्त कर एक गुरुद्वारे का निर्माण हुआ।

वर्तमान भव्य बहुमंजिला इमारत का निर्माण 1930 के दशक में पुरानी इमारत के स्थान पर किया गया था जिसके केंद्र में एक स्वर्ण-गुम्बद वाला मंडप और कोनों पर गुम्बद वाली छतरियाँ हैं। मुख्य गुरुद्वारे की इमारत के पास एक कोतवाली हुआ करती थी, जहाँ गुरु को बंदी बनाकर रखा गया था। इस कोतवाली को वर्ष 1980 में गुरु-का-लंगर और सराय में बदल दिया गया था।

सीस गंज गुरुद्वारे की वर्तमान इमारत दिल्ली के अन्य ऐतिहासिक गुरुद्वारों की अपेक्षा कुछ अलग प्रकार की वास्तुकला का प्रतिनिधित्व करती है।

प्रार्थना हॉल काफ़ी बड़ा है जहाँ की छतों पर श्रद्धालुओं की सुविधा के लिए कई पंखे लगाये गये हैं। इस हॉल में कई नक्काशीदार खम्भे हैं और सभी तरफ़ कई दरवाजे हैं, जिससे यहाँ आने वाले आगंतुक आराम से अंदर प्रवेश कर सकते हैं। प्रकाश कक्ष में प्रकाश स्थान के ठीक नीचे तहखाने में एक छोटा कमरा है जिसका निर्माण उस स्थान को संरक्षित करने के लिए किया गया है जहाँ गुरु तेगबहादुर ने अपने जीवन का बलिदान दिया था। इस कमरे को प्रकाश स्थान के रूप में भी प्रयोग किया जाता है, जहाँ *गुरु ग्रन्थ साहिब* विराजमान हैं। वृक्ष का तना जिसके नीचे गुरु तेगबहादुर का शीश काटा गया था वह अभी भी गुरुद्वारे में संरक्षित है। 'कुआँ' जहाँ उन्होंने शहादत से पहले स्नान किया था, आज भी अच्छी स्थिति में है।

गुरु-का-लंगर इमारत की मुहार को बेहद अच्छे ढंग से सजाया गया है। यह कल्पना करना कठिन है कि यह मूल रूप से कभी एक कोतवाली थी जहाँ गुरु को लोहे के पिंजरे में कैद करके रखा गया था।

सामने का पृष्ठ:
सिंघु बॉर्डर के पास जी.टी. करनाल रोड पर हाल ही में उद्घाटित गुरु तेग बहादुर मेमोरियल का रात्रिकाल का मनोरम दृश्य।

सामाजिक और सांस्कृतिक गतिविधियाँ

यह गुरुद्वारा दिल्ली के सबसे सक्रिय ऐतिहासिक तीर्थस्थानों में से एक है। यहाँ हर दिन हजारों भक्त आते हैं। ये भक्त देश के विभिन्न हिस्सों, विशेष रूप से पंजाब से आते हैं।

गुरुद्वारे के दैनिक कार्यक्रम प्रकाश के साथ प्रातः 2.30 बजे से शुरू होते हैं। इन दैनिक कार्यक्रमों में सुखमनी साहिब, नीतिनाम, आसा-दी-वार, जपजी, आनंद साहिब, रहरस, आरती कीर्तन और कीर्तन सोहिला की बानियों का उल्लेख किया जा सकता है, जिसके बाद अरदास, हुकमनामा और प्रसाद वितरण होता है। प्रार्थना कक्ष हमेशा सामूहिक पूजा (संगत) में व्यस्त रहता है।

गुरु-का-लंगर में सभी तीर्थयात्रियों और श्रद्धालुओं को तीन समय का भोजन प्रदान किया जाता है। गुरु-के-लंगर में हर दिन भोजन करने वाले लोगों की कुल संख्या लगभग 3,000 होने का अनुमान है। गुरुद्वारे में गुरु-का-लंगर सेवा के अतिरिक्त बीच में किसी भी समय आने वाले और गुरुद्वारे के आवासीय परिसर में ही ठहरने वाले तीर्थयात्रियों को भी भोजन प्रदान किया जाता है।

गुरु तेगबहादुर मेमोरियल का एक दृश्य। यह तस्वीर इसके उद्घाटन के दिन की है जिसमें दिल्ली की पूर्व मुख्यमंत्री शीला दीक्षित, कांग्रेस के महासचिव राहुल गांधी और डीएसजीएमसी के अध्यक्ष सरदार परमजीत सिंह सरना मौजूद हैं।

गुरुद्वारे में सभी महत्त्वपूर्ण गुरुपर्व मनाये जाते हैं। इनमें गुरु नानक और गुरु तेग बहादुर के जन्मदिन, तथा गुरु अर्जन देव व गुरु तेग बहादुर के शहीदी दिवस प्रमुख हैं। अप्रैल में बैसाखी का उत्सव बड़े स्तर पर मनाया जाता है।

गुरुद्वारे में एक उत्कृष्ट सन्दर्भ पुस्तकालय है। अंग्रेज़ी, हिंदी और पंजाबी में प्रकाशित सिख इतिहास और धर्म संबंधी प्रकाशनों के लिए एक बिक्री केंद्र भी है। गुरुद्वारे द्वारा प्रदान की जाने वाली सेवाओं में एक गुरु तेगबहादुर खालसा गर्ल्स स्कूल भी है।

दिल्ली सरकार के दिल्ली पर्यटन और परिवहन विकास निगम ने गुरु तेगबहादुर की स्मृति में श्रद्धांजलि देने के लिए हाल ही में गुरु तेगबहादुर को समर्पित एक स्मारक का उद्घाटन किया है। वास्तुकला का यह अद्भुत स्मारक सिखों के नौवें गुरु के जीवन और शिक्षाओं की जानकारी देता है। सिंघु सीमा के पास राष्ट्रीय राजमार्ग (जी.टी. करनाल रोड) के पास 11.87 एकड़ क्षेत्र में निर्मित इस स्मारक को इसकी वास्तुकला, डिज़ाइन और विश्व स्तरीय रोशनी के लिए जाना जाएगा। स्मारक की एक अनूठी अवधारणा भी है। स्टेनलेस स्टील से बना 24 मीटर ऊंचा केन्द्रीय तोरण गुरु तेगबहादुर का प्रतीक है, जबकि 15 मीटर ऊंचे तीन अर्ध मेहराब उनके तीन शिष्यों को दर्शाते हैं। इसके पास दस एकाश्म (11से 18 मीटर लम्बे) दस सिख गुरुओं का प्रतिनिधित्व करते हैं और उनकी शिक्षाओं का प्रसार करते हैं। एकाश्मों पर सिख धर्म के मौलिक सिद्धांतों का हिंदी, अंग्रेज़ी, पंजाबी और उर्दू चार भाषाओं में अनुवाद किया गया है।

रकाब गंज साहिब

ऐतिहासिक पृष्ठभूमि और संबंधित मिथक एवं किंवदंतियाँ

यह सिखों का सर्वाधिक पवित्र स्थल है, क्योंकि यहीं गुरु तेगबहादुर की शहादत के बाद उनके शीश रहित शरीर का अंतिम संस्कार किया गया था। यही वो स्थान है जहाँ महान गुरु की राख को एक ताँबे के कलश में डालकर दफ़नाया गया था। इस गुरुद्वारे में आने वाला हर श्रद्धालु, आगंतुक और भक्त सिखों के इस आध्यात्मिक शासक, 'सच्चे पादशाह' : अर्थात् सच्चे राजा को श्रद्धांजलि देता है।

गुरु तेगबहादुर की शहादत के बाद उनका शरीर उस भयावह रात के अँधेरे में कुछ समय के लिए एक कालकोठरी में यूँ ही पड़ा रहा था। जब घने बादल घिर आये और तूफ़ान भी तेज हो गया तब एक शाही ठेकेदार लखी शाह नामक गुरु के भक्त, अपने आठ बेटों को लेकर बैलों, गाड़ियों, ऊँट और घोड़ों के बड़े काफ़िले के साथ तहखाने में आये थे।

उन्होंने एक गाड़ी में भारी सूत की गांठों के नीचे गुरु के शरीर को छिपाया और उसे अपने घर रायसीना गाँव ले गये जहाँ कई फूस की झोपड़ियाँ थीं। उनके शरीर को उनमें से एक झोपड़ी में रखा गया और आग लगा दी गयी। "आग बुझ जाने के बाद उन्होंने गुरु के अवशेष उठाकर एक ताँबे के कलश में रख दिये और उन्हें उसी स्थान पर गाड़ दिया जहाँ गुरु जी का अंतिम संस्कार किया गया था"। (51)

मुग़ल शासनकाल में सम्राट के अंगरक्षकों के निवास के रूप में इस्तेमाल होने वाले इस स्थान पर वर्तमान में पवित्र गुरुद्वारा स्थित है। इस स्थान पर रकाबों की एक दुकान थी, इसी वजह से इस गुरुद्वारे को रकाब गंज नाम दिया गया।

सामने का पृष्ठः
गुरुद्वारा रकाब गंज साहिब के अंदर का दृश्य, जहाँ प्रकाश स्थान दिख रहा है जिसमें श्री गुरु ग्रन्थ साहिब सोने के चंदोवे वाले मंडप के नीचे विराजमान हैं।

पृष्ठ 92-93ः
राष्ट्रपति भवन, केन्द्रीय सचिवालय और संसद भवन, नई दिल्ली के पास स्थित गुरुद्वारा रकाब गंज साहिब का एक विशाल दृश्य। गुरुद्वारा उस स्थान पर स्थित है जहाँ भाई लखी शाह ने अपने घर में आग लगाकर गुरु तेग बहादुर के शीश रहित शरीर का अंतिम संस्कार किया था।

वास्तुकला का विवरण: एक अवलोकन

समय के साथ लोग गुरु तेगबहादुर के शरीर के अंतिम संस्कार वाले उस पवित्र स्थान को भूल चुके थे किंतु 1783 ईस्वी में सरदार बघेल सिंह करोरसिंघिया ने इसे पुनर्स्थापित किया।

बघेल सिंह ने अपनी यात्रा के दौरान अंतिम संस्कार के स्थल पर पहले से ही बनी हुई एक मस्जिद देखी। इस मामले को सम्राट शाह आलम द्वितीय की दृष्टि में लाया गया। शाह आलम द्वितीय ने सरदार बघेल सिंह को गुरुओं की यात्रा के समय जिन-जिन स्थलों को पवित्र किया था, उन पर गुरुद्वारों के निर्माण के लिए अनुमति दी हुई थी। जब दिल्ली भर में मस्जिद के आसन्न विध्वंस की खबर फैली तो कई मुस्लिम मस्जिद के पास इकट्ठे हो गये। बघेल सिंह ने गुस्साई हुई मुस्लिम जनता को सुलह का एक प्रस्ताव दिया। उन्होंने सुझाव दिया कि इस स्थान की खुदाई करने पर यदि एक ताँबे के कलश में गुरु तेगबहादुर की राख और साथ में नौ इंच की एक तलवार मिलती है तो मस्जिद को गुरुद्वारे में परिवर्तित कर दिया जाएगा। यदि ऐसा कुछ नहीं मिला तो मस्जिद को ध्वस्त नहीं किया जाएगा। जब उस जगह खुदाई की गयी तो ताँबे का एक कलश और साथ में नौ इंच की तलवार मिली। मुसलमानों को समझाने के लिए इतना पर्याप्त था। इस प्रकार विवाद शांत होने के बाद वहाँ गुरुद्वारे का निर्माण किया गया। "बघेल सिंह को गुरुद्वारे से जुड़ी हुई एक बड़ी जागीर भी मिली"। (52)

1857 ईस्वी में सिपाही विद्रोह के समय, मुसलमानों ने एक बार गुरुद्वारे को ध्वस्त कर दिया और वहाँ मस्जिद बना दी। सिख इस मामले को उच्च न्यायालय में और बाद में प्रिवी काउंसिल के पास लेकर गये। इस विवाद का निर्णय सिखों के पक्ष में हुआ और एक बार फिर उस स्थान पर गुरुद्वारे का निर्माण किया गया।

मार्च 1914 ईस्वी की शुरुआत में गुरुद्वारे की सीमा दीवार के संबंध में सिखों और भारत सरकार के बीच एक विवाद उत्पन्न हुआ। सरकार ने इस दीवार के एक हिस्से को तोड़ दिया था, क्योंकि वह सड़क निर्माण के बीच में आ रहा था। सिखों द्वारा एक बड़ा प्रतिरोध किया गया और एक मोर्चे की शुरुआत की गयी, लेकिन इस प्रतिरोध को प्रथम विश्वयुद्ध के दौरान स्थगित कर दिया गया। युद्ध के बाद सरदार हरचंद सिंह, लायलपुर (अब पाकिस्तान में) के मास्टर सुंदर सिंह और लाहौर के सरदार सरदल सिंह कावीशर

गुरुद्वारा रकाब गंज साहिब का एक सामान्य दृश्य।

द्वारा इस मुद्दे को फ़िर उठाया गया। जब सरकार ने सिखों की भावनाओं का सम्मान करने से इन्कार कर दिया, तो उन्होंने ढहाई गई दीवार का पुनर्निर्माण तथा संबंधित कठिनाइयों का सामना करने के लिए एक शहीदी जत्था (शहीदों का समूह) भेजने का निर्णय लिया। सरकार ने स्थिति की गंभीरता को समझा। जत्थे के दिल्ली पहुँचने से पहले "नाभा के महाराजा रिपुदमन सिंह (पूर्वी नाभा राज्य की राजधानी, पटियाला, पंजाब) ने भारत सरकार की ओर से दीवार के पुनर्निर्माण की व्यवस्था की। (53) सरकार ने महन्तों के नियंत्रण से गुरुद्वारों की मुक्ति के लिए लड़ रहे राष्ट्रवादी तत्वों के प्रति सहानुभूति रखने वाले महाराजा रिपुदमन सिंह से पुनर्निर्माण से संबंधित आवश्यक कदम उठाने के लिए अनुरोध किया था।

गुरुद्वारा रकाब गंज साहिब की वर्तमान इमारत एक शानदार, सुगठित, बहु-मंज़िला संगमरमर की संरचना है। यह जानना महत्त्वपूर्ण है कि अकेले सरदार हरनाम सिंह सूरी नामक भक्त ने अपने जीवन की सारी जमापूँजी को ख़र्च करके इस भवन का निर्माण किया था। कहा जाता है कि उन्होंने सन् 1967 में निर्माण कार्य शुरू किया था और यह 15 साल में पूरा हुआ। इमारत के चारों ओर मुखभाग एक समान है। यहाँ उस हॉल की तरफ़ जाने वाली कुछ सीढ़ियाँ हैं जहाँ संगत आयोजित की जाती हैं। एक ऊंचे पठार पर निर्मित पिरामिड के डिज़ाइन वाली इस इमारत को बेहतरीन वास्तुशिल्प प्रतीकों से सजाया गया है। कुछ बड़े, कुछ छोटे कई गुम्बद इस सुगठित संरचना को और भी सुंदर बनाते हैं। गुरुद्वारे का विशाल प्रवेश द्वार भी एक प्रभावशाली संरचना है।

इस संदर्भ में यह विशेष उल्लेखनीय है कि दिल्ली के ऐतिहासिक पवित्र स्थलों की वास्तुकला में प्राचीन हिन्दू और मुस्लिम कलात्मक परम्पराओं का एक संयोजन दिखाई देता है। गुरुद्वारा रकाब गंज उसका एक सजीव उदाहरण है। वास्तव में प्राचीन हिन्दू और मुस्लिम कलात्मक परम्पराओं संयोजन के साथ साथ देश में अभिनव एवं प्रवर्तित मंदिर वास्तुकला भी दृष्टिगत होती है।

शहर के केंद्र में, संसद भवन के ठीक सामने स्थित गुरुद्वारा रकाब गंज में पूरे वर्ष असंख्य भक्तों और श्रद्धालुओं का निरंतर आना-जाना लगा रहता है। श्रद्धालु देश के सभी भागों से आते हैं। रकाब गंज गुरुद्वारा की यात्रा को वास्तव में एक तीर्थयात्रा माना जाता है, सभी सच्चे भक्त इस यात्रा का पुण्य लाभ लेना चाहते हैं। जो एक बार यहाँ आता है, वह बार-बार यहाँ दर्शन के लिए आना चाहता है।

जहाँ लखी शाह के बेटों द्वारा गुरु तेगबहादुर के शीश-रहित शरीर का अंतिम संस्कार किया गया था, ठीक उसके ऊपर प्रकाश स्थान है जिस पर गुरु ग्रन्थ साहिब सोने के चंदोवे के नीचे स्थापित हैं।

गुरु तेगबहादुर की समाधि एक अखंड ज्योति, एक कृपाण और एक मुहर-प्रतीक (एक कलगी युक्त - एक अर्धचन्द्राकार चिन्ह) द्वारा चिन्हित है जो मूलतः गुरु तेग बहादुर और गुरु गोबिंद सिंह से संबंधित है। लखी शाह के बेटे सीस गंज में शहादत के समय पहने हुए रक्त से सने हुए गुरु तेगबहादुर के चोले (लबादा) को गुरु के शीश-रहित शरीर के साथ ले गये थे। ऐसा माना जाता है कि उनके अंतिम संस्कार से पहले उन्हें

गुरुद्वारा रकाबगंज साहिब का रात्रिकालीन में एक दृश्य।

स्नान कराते समय उनके शरीर से चोले को उतारकर लखी शाह के बेटों ने अपने घर में संरक्षित कर लिया गया था। गुरु गोबिंद सिंह ने 1707 ईस्वी में अपने दिल्ली आवास के समय गुरु तेगबहादुर की समाधि का दौरा किया। उन्होंने गुरु तेगबहादुर के स्मारक का सटीक सीमांकन किया और विशेष रूप से गुरु की समाधि की पहचान के लिए एक सिख झंडा (निशान साहिब) वहाँ खड़ा कर दिया। गुरु गोबिंद सिंह द्वारा पवित्र स्मारक के इसे दौरे के समय लखी शाह के परिवार के सदस्यों ने उन्हें वर्षों से संरक्षित चोला दिया, लेकिन गुरु गोबिंद सिंह ने उन्हें सलाह दी कि वे इसे अपने साथ ही रखें।

जब सरदार बघेल सिंह ने 1783 ईस्वी में गुरु तेगबहादुर की समाधि पर एक गुरुद्वारा बनाया तब लखी शाह के परिवार के सदस्यों ने एक बार फिर उस चोले को

सौंपने के लिए सरदार बघेल सिंह से संपर्क किया। इस बार सरदार बघेल सिंह ने उन्हें सलाह दी कि वह उस चोले को उस महंत को सौंप दें जो उस नवनिर्मित गुरुद्वारे की देखभाल करेगा। उस चोले को गुरुद्वारे के महंत को सौंप दिया गया लेकिन समय की गर्त में वह चोला कहीं खो गया।

सामाजिक-सांस्कृतिक गतिविधियाँ

गुरुद्वारा रकाब गंज साहिब की दैनिक गतिविधियाँ और धार्मिक अनुष्ठान प्रकाश के साथ प्रातः 3:30 बजे शुरू होते हैं। दैनिक कार्यक्रमों में सुखमनी साहिब, नितनेम की पंच बानी, जपजी, आसा-दी-वार, गुरु इतिहास कथा, रहरस, गुरबानी, सोहिला और कीर्तन का गायन शामिल हैं, इसके बाद अरदास, हुकमनामा और प्रसाद वितरण होता है। हर दिन विशेष कमरे में अखंड पाठ भी किया जाता है जहाँ गुरु ग्रन्थ साहिब एक मंजी साहिब पर विश्राम करते हैं।

गुरुद्वारा रकाब गंज साहिब में विशेष रूप से गुरु नानक, गुरु तेगबहादुर और गुरु गोबिंद सिंह के जन्मदिन, और गुरु तेगबहादुर की पुण्यतिथि सहित लगभग सभी गुरुपर्व मनाये जाते हैं। हर साल गुरु भक्तों द्वारा उनकी शहादत की याद में एक जुलूस का आयोजन किया जाता है। ये जुलूस उसी मार्ग और छोटे रास्तों से होकर निकलता है, जहाँ से लखी शाह गुरु तेगबहादुर के मृत शरीर को चाँदनी चौक से उस स्थान तक ले गये थे जहाँ अब गुरुद्वारा रकाब गंज स्थित है। वे नई सड़क, चावड़ी बाजार, अजमेरी गेट, पहाड़गंज, पंचकुईयाँ रोड और कनाट प्लेस से होते हुए गये थे। गुरुपर्व में यहाँ बड़ी संगत भी आयोजित की जाती है।

गुरु के लंगर के अतिरिक्त, पूजा और प्रार्थना में भाग लेने के लिए गुरुद्वारा में आने वाले सभी लोगों को पारंपरिक संगठित कीर्तन और कथा के रूप में 'शबद-का-लंगर' भी परोसा जाता है।

इस गुरुद्वारे में आने वाले आगंतुकों और भक्तों की संख्या दिल्ली के अन्य ऐतिहासिक गुरुद्वारों की अपेक्षा कम है। यहाँ तक कि सामुदायिक रसोई में भी लोग कम ही देखने को मिलते हैं, विशेष रूप से कार्य दिवसों में। किंतु रविवार, गुरुपर्व और अन्य विशिष्ट अवसरों पर गुरुद्वारा परिसर में कुछ समारोहों का आयोजन किया जाता है तो

श्रद्धालुओं की संख्या बढ़ जाती है। चूंकि गुरुद्वारा दिल्ली सिख गुरुद्वारा प्रबंधन समिति के कार्यालय के परिसर में ही स्थित है, इसलिये गुरुपर्वों के अवसर पर साल भर यहाँ रैलियाँ और अन्य विशेष कार्यक्रम आयोजित होते रहते हैं। इन उत्सवों के समय इस गुरुद्वारा परिसर में आगंतुकों और भक्तों की संख्या कभी-कभी उम्मीद से भी अधिक हो जाती है।

अन्य प्रासंगिक जानकारियाँ

गुरुद्वारा रकाब गंज साहिब और इसका परिसर राजधानी के एक प्रमुख स्थान पर लगभग 14 एकड़ भूखंड पर फैला हुआ है। मुख्य गुरुद्वारा भवन के पास ही परिसर में गुरु-का-लंगर हॉल (दो हिस्सों में) और गुरुमत विद्यालय (सिख धर्म और सिख धर्मशास्त्र के सिद्धांतों के अधिगम के लिए शिक्षण केंद्र) स्थित है। गुरुपदेश प्रिंटिंग प्रेस में गुरु ग्रन्थ साहिब की छपाई सहित सिख इतिहास और धर्म से संबंधित अधिकतर पुस्तकें प्रकाशित किये जाते हैं। इसके अतिरिक्त स्टाफ़ क्वार्टर (57 फ्लैट्स); अकाली दल के कार्यालय; विशिष्ट अतिथियों के लिए सराय है। लखी शाह बंजारा हॉल में विवाह, गुरुपर्व आदि आयोजित किये जाते हैं। दिल्ली सिख गुरुद्वारा प्रबंधन समिति का कार्यालय और इसके उपभवन में ही स्थित एक नवनिर्मित कार्यालय परिसर भी है।

इस संदर्भ में यह विशेष रूप से उल्लेखनीय है कि गुरुद्वारा परिसर के कड़ाह प्रसाद संग्रह केंद्र के पीछे अभी भी 12 फ़ीट व्यास (लगभग) वाला 80 फीट गहरा कुआँ है। यह माना जाता है कि इस कुएँ के पानी को लखी शाह के परिवार द्वारा गुरु तेग बहादुर का अंतिम संस्कार करने से पहले उनके शीश रहित शरीर को स्नान कराने के लिए उपयोग किया गया था। पानी का स्तर बहुत नीचे चले जाने से फ़िलहाल यह कुआँ सूख गया है।

मोती बाग साहिब

ਦੇਗ ਤੇਗ ਫਤਹਿ
ਨਾਸਰੋ ਮਨਸੂਰ ਗੁਰੁ ਗੋਬਿੰਦ ਸਿੰਘ।
ਏਜ਼ਦੀ ਮਨਜ਼ੂਰ ਗੁਰੁ ਗੋਬਿੰਦ ਸਿੰਘ॥

ऐतिहासिक पृष्ठभूमि और संबंधित मिथक एवं किंवदंतियाँ

मोतीबाग कॉलोनी के निकट रिंग रोड पर स्थित गुरुद्वारा मोती बाग साहिब सिखों द्वारा एक महत्त्वपूर्ण पवित्र स्थान माना जाता है। अंतिम सिख गुरु, गुरु गोबिंद सिंह ने यात्रा द्वारा इस स्थान को पवित्र किया था। इस गुरुद्वारे की यात्रा करते समय श्रद्धालु और भक्त अपने महान धार्मिक नेता को श्रद्धांजलि देते हैं। इतिहासकार मोहम्मद लतीफ़ के अनुसार, "मैदान में एक योद्धा, अपनी मसन्द पर एक राजा और खालसा समाज में एक फ़कीर थे"।(54) गुरु गोबिंद सिंह ना केवल पंजाबी समुदाय के लिए, बल्कि सम्पूर्ण मानवता के लिए भी एक आदर्श थे।

गुरु गोबिंद सिंह, सिखों के दसवें गुरु (1666-1708 ईस्वी) दिल्ली की यात्रा के समय जिस जगह रुके थे वहाँ गुरुद्वारा मोती बाग साहिब स्थित है।

वह धर्मनिरपेक्षता, राष्ट्रीय एकता और भारतीय मानस के भावनात्मक एकीकरण के पथ पर अडिग थे। "गुरु ने खालसा की स्थापना की, हमारे देश के गरीबों और दलितों तक संप्रभुता को पहुँचाया, ताकि वे आने वाले दिनों में याद कर सकें कि इतिहास में भी गोबिंद सिंह नामक एक गुरु थे जिन्होंने लोकतंत्र, धर्मनिरपेक्षता, भाईचारे और मानव एकता के आदर्श सिखाये" (एस.एस.जौहर, सिख धर्म पर लिखी गयी पुस्तक)। लोग आज भी उन्हें किसी भी युग के सर्वाधिक महान भारतीयों में से एक मानते हैं।

फ़रवरी 1707 ईस्वी में मुग़ल सम्राट औरंगज़ेब की मृत्यु के बाद राजकुमार मुआज़्ज़म (बाद में बहादुरशाह के नाम से प्रसिद्ध) अफ़गानिस्तान में एक अभियान पर था। राजकुमार मुआज़्ज़म के छोटे भाई राजकुमार आज़म ने इस स्थिति का फ़ायदा

उठाया। उसने स्वयं को सम्राट घोषित कर दिया और इम्पीरियल आर्मी की कमान संभाली। राजकुमार मुआज़्ज़म ने दिल्ली पहुँचने में कोई देर नहीं की, किंतु वह जानता था कि राजकुमार आज़म अपेक्षाकृत अधिक सशक्त है। मैदान में कूदने से पहले राजकुमार मुआज़्ज़म ने गुरु गोबिंद सिंह के बारे में सोचा, जिनके बारे में उसने बहुत सुना था। उसने गुरु गोबिंद सिंह से उसके और उसके छोटे भाई राजकुमार आज़म के बीच उत्तराधिकार की लड़ाई में सहायता करने की अपील की। गुरु ने सहायता का वचन दिया लेकिन इस शर्त पर कि जब राजकुमार मुआज़्ज़म सत्ता में आये तो वो उनके बेटों को विश्वासघात के साथ मारने और गुरु को उनके शहर आनंदपुर से निकालने के लिए ज़िम्मेदार लोगों को दण्डित करेगा। राजकुमार मुआज़्ज़म इससे सहमत हो गया और मई 1707 ईस्वी के अंतिम सप्ताह में गुरु के साथ उसकी एक बैठक तय की गयी।

जैसा कि तय हुआ था, गुरु गोबिंद सिंह अपनी खालसा सेना के साथ दिल्ली पहुँचे और मोती राम नामक अमीर बनिया की कॉलोनी मोची बाग (अब मोती बाग) नामक एक स्थान पर डेरा डाला।

मोती बाग में शिविर के दौरान गुरु ने राजकुमार मुआज़्ज़म को अपने आने की सूचना देने के लिए लाल किले की ओर एक तीर छोड़ा। ऐसा माना जाता है कि उस तीर का निशाना इतना सटीक था कि वह सीधे जाकर लाल किले में राजकुमार के शिविर की ऊंची और विशाल चारपाई को लगा। राजकुमार ने इसे एक चमत्कार के रूप में लिया, किंतु जब गुरु गोबिंद की ओर से दूसरा तीर आया तो उसमें एक नोट था कि यह कोई चमत्कार नहीं, बल्कि तीरंदाजी का एक कौशल है। राजकुमार ने गुरु गोबिंद सिंह की तीरंदाजी के कौशल से प्रभावित होकर उनकी श्रेष्ठता को स्वीकार कर लिया। "गुरु गोबिंद सिंह ने स्वयं युद्धों में अपने हथियारों के इस्तेमाल का जिस प्रकार वर्णन किया है, उससे यही पता चलता है कि गुरु एक शानदार तीरंदाज थे। वे एक ही निशाने में तीन से चार तीर मारने में सक्षम थे और दोनों हाथों से पूरी कुशलता के साथ तीर चला सकते थे"।(55)

राजकुमार मुआज़्ज़म और गुरु के बीच होने वाली प्रस्तावित बैठक हुमायूँ के मकबरे के पास के एक स्थान पर थी, जहाँ आज गुरुद्वारा दमदमा साहिब स्थित है।

पृष्ठ 104:
निशान साहिब के साथ एक ठोस पत्थर की दीवार पर बने तीरस्थान का एक दृश्य। इस स्थान से गुरु गोबिंद सिंह ने राजकुमार मुआज़्ज़म को दिल्ली में अपने आगमन के बारे में सूचित करने के लिए लाल किले की तरफ़ दो तीर छोड़े थे।

पृष्ठ 102-103:
मोती बाग सरकारी कॉलोनी के पास रिंग रोड पर स्थित गुरुद्वारा मोती बाग का एक दृश्य। गुरु गोबिंद सिंह ने अपनी खालसा सेना के साथ जहाँ शिविर लगाया था।

वास्तुकला का विवरणः एक अवलोकन

जिस स्थान पर गुरु गोबिंद सिंह ने शिविर लगाया था और राजकुमार मुआज़्ज़म को अपने आने की सूचना देने के लिए लाल किले की ओर दो तीर छोड़े थे, उस स्थान पर अब गुरुद्वारा मोती बाग स्थित है। मोची बाग गाँव के पुराने स्थानीय निवासियों के अनुसार ऐसा माना जाता है कि वर्तमान गुरुद्वारा परिसर का मूल प्रवेश द्वार दक्षिण की ओर था, जहाँ एक पुराना कुआँ (लगभग 20 फ़ीट की परिधि और भारी पत्थरों से बना) अभी भी मौजूद है। पूर्वी मोची बाग गाँव के लोग इस प्रवेश द्वार से निकलते थे। हो सकता है यह पुराना कुआँ एक समय में न केवल ग्रामीणों के लिए, बल्कि यहाँ तक कि गुरु गोबिंद सिंह के लिए भी उनके शिविर के समय पीने के पानी का नियमित स्रोत हो। किंतु अब ग्रामीणों द्वारा इस्तेमाल नहीं किया जाता है। जहाँ से गुरु ने दो तीर (तीरस्थान) लाल किले की ओर छोड़े थे, वहाँ एक ऊंची ठोस पत्थर की दीवार थी, जिसे मूलतः गुरु गोबिंद सिंह द्वारा निशान साहिब के साथ निर्धारित किया गया था। पुराने मुख्य प्रवेश द्वार के माध्यम से आगे बढ़ते हुए ऊंचे विशाल मंच पर एक खुला शेड था (जिसे स्थानीय तौर पर चुबारा के नाम से जाना जाता है), जहाँ गुरु मोची बाग में प्रवेश करने वाले आगंतुकों से मिला करते थे।

गुरुद्वारा परिसर के दक्षिणी हिस्से के पुराने मुख्य प्रवेश द्वार के स्थान पर अब एक मोटी दीवार बना दी गई है। नए गुरुद्वारे की इमारत का निर्माण पुराने चुबारा के स्थान पर किया गया है। इस संदर्भ में मोची बाग (मोती बाग) में रहने वाले पुराने निवासियों के द्वारा दिये गये विवरणों के अतिरिक्त पुराने समय की कोई अन्य जानकारी नहीं मिलना संभव नहीं है। यहाँ तक कि तीरस्थान भी, जहाँ से गुरु गोबिंद सिंह ने तीर छोड़े थे, सफ़ेद संगमरमर से ढंका हुआ है और 1980-81 में एक नये गुरुद्वारा परिसर के निर्माण के समय उसमें बहुत सारे परिवर्तन किये गये थे। जिस स्थान पर गुरु गोबिंद सिंह सुबह-सुबह जपजी का पाठ पढ़ते थे, वह अब एक कमरे

पुराना कुआँ (लगभग 20 फीट की परिधि में भारी पत्थरों से बना) अब मलबे से ढंका हुआ दिखता है। यह कुआँ मोती बाग गुरुद्वारा परिसर की दक्षिणी सीमा की दीवार के बाहर स्थित है।

सुखासन कक्ष के बिलकुल नजदीक विभिन्न हथियारों के साथ सजा हुआ एक शोकेस।

में परिवर्तित हो गया है। इसके लिए दक्षिणी सीमा की दीवार के साथ एक अलग प्रवेश द्वार है। इस कमरे का गुरु ग्रन्थ साहिब के शयनकक्ष के रूप में प्रयोग किया जाता है। तीरस्थान को भी अब मुख्य गुरुद्वारा इमारत के सामने तीन मंजिला परिसर में बदल दिया गया है, जिसमें पहली मंज़िल पर दो कमरे और भूतल पर तीन कमरे हैं। इन सभी कमरों का इस्तेमाल गुरु ग्रन्थ साहिब के अखंड पाठ के लिए किया जाता है। वर्तमान गुरुद्वारे की इमारत में एक सपाट छत है जिसके पूर्व में एक ऊँचा प्रवेश द्वार है। इसका निर्माण स्वर्गीय बाबा हरबंस सिंह द्वारा 1980-81 में किया गया था। एक ऊंचे चबूतरे पर बना यह भवन भव्य वास्तुशिल्प वाली एक सुंदर संरचना है। इसमें छोटे-बड़े कई गुम्बद हैं। दिल्ली के अन्य पुनर्निर्मित ऐतिहासिक गुरुद्वारों के समान भवन की अंदर की दीवारों को जड़ित डिज़ाइनों और प्रतीकों से सजाया गया है। गुरुद्वारे के चारों तरफ़ बारह दरवाजे, प्रकाश स्थान, सुखासन कक्ष और मुख्य प्रवेश द्वार के निकट एक भूमिगत पार्किंग की जगह है।

सुखासन कक्ष गुरुद्वारा भवन के मुख्य हॉल के उत्तर-पश्चिमी कोने में स्थित है जिसमें गुरु ग्रन्थ साहिब रात के समय विश्राम करते हैं।

सामाजिक-सांस्कृतिक गतिविधियाँ

गुरुद्वारा मोती बाग साहिब में गुरु नानक और गुरु गोबिंद सिंह के जन्मदिन का उत्सव मनाया जाता है। प्रति वर्ष 17 अगस्त को गुरु ग्रन्थ साहिब की स्थापना दिवस के रूप में विशेष महत्त्व दिया जाता है। गुरु ग्रन्थ साहिब के विभिन्न पहलुओं पर प्रवचन देने के लिए कुछ विद्वानों को भी आमंत्रित किया जाता है। आसपास के इलाकों के लोगों के बीच सामाजिक सामंजस्य को बढ़ावा देने में गुरु-का-लंगर महत्त्वपूर्ण भूमिका निभाता है। शुक्रवार और रविवार को होने वाले विशेष गुरु-के-लंगर में लगभग 1000-1200 श्रद्धालु आते हैं, जिनमें अधिकांश हिन्दू होते हैं। गुरु-का-लंगर कोई दया या दान का कार्य नहीं है। यह 'दाना पानी गुरुका, ताहिल सेवा सिखन की' की अवधारणा पर आधारित है, जिसका अर्थ है, 'दाना पानी गुरु का है, केवल सेवा और प्यार सिखों का है जो ईश्वर, गुरु और संगत के सेवक हैं।'

दमदमा साहिब

ਦਰਵੇਸ਼ ਗੁਰ ਗੋਬਿੰਦ ਸਿੰਘ

ऐतिहासिक पृष्ठभूमि और संबंधित मिथक एवं किंवदंतियाँ

गुरुद्वारा दमदमा साहिब हुमायूँ की कब्र के पीछे और निज़ामुद्दीन रेलवे स्टेशन के ठीक सामने स्थित है। इसी स्थान पर गुरु गोबिंद सिंह पहली बार राजकुमार मुआज़्ज़म से मिले थे, जिसे बाद में सम्राट बहादुरशाह के रूप में जाना जाता था। राजकुमार मुआज़्ज़म को पता था कि गुरु ने 1690 में नादौन (कांगड़ा से लगभग 30 किलोमीटर दूर, हिमाचल प्रदेश) में मुग़ल सेना के विरुद्ध एक भयंकर लड़ाई लड़ी थी। गुरु ने यह लड़ाई काँगड़ा और बिलासपुर के शासकों की रक्षा के लिए लड़ी थी जिन पर मुग़ल शाही सेना ने सम्राट औरंगज़ेब को श्रद्धांजलि ना देने के कारण हमला कर दिया था।

राजकुमार मुआज़्ज़म के निमंत्रण पर दिल्ली आने पर जब गुरु गोबिंद सिंह और राजकुमार मुआज़्ज़म ने उत्तराधिकार की अंतिम लड़ाई के लिए युद्ध की योजनाओं और रणनीति पर चर्चा की।

योजना के अनुसार राजकुमार मुआज़्ज़म और गुरु गोबिंद सिंह ने आगरा पर कब्जा करने के लिए अपनी फौज भेजी। उस समय आगरा पर राजकुमार आज़म ने जबरन कब्जा किया हुआ था। दोनों सेनायें 8 जून, 1707 ईस्वी को एक-दूसरे के सामने आयीं। पंजाबी ऐतिहासिक दस्तावेज 'बहादुरशाह की मुलाकात का प्रसंग' के अनुसार, गुरु गोबिंद सिंह ने पहले भाई धरम सिंह के निरीक्षण में अपने सैन्य कमांडर को सेना की एक टुकड़ी के साथ भेजा। भीषण युद्ध के बाद लड़ाई निर्णायक दौर में पहुँच गई। आज़म का बहादुर बेटा बिदर बख़्त इस लड़ाई में मारा गया और उसके बाद आज़म भी युद्ध में मारा गया। इस युद्ध में लगभग दस हजार लोग मारे गये।" युद्ध में निर्णायक जीत के बाद राजकुमार मुआज़्ज़म ने गुरु गोबिन्द सिंह का कई तरह से आभार जताते हुए उन्हें खिल्लत प्रदान की। राजकुमार को दिल्ली का नया सम्राट घोषित किया गया। (56)

सामने का पृष्ठः
दमदमा साहिब गुरुद्वारा बिल्डिंग के अंदर स्थित प्रकाश स्थान का एक दृश्य।

पृष्ठ 110-111ः
हुमायूँ की कब्र के पीछे और निजामुद्दीन रेलवे स्टेशन, नई दिल्ली के ठीक सामने स्थित गुरुद्वारा दमदमा साहिब का एक दृश्य। यहाँ गुरु गोबिंद सिंह राजुमार मुआज़्ज़म से मिले थे।

वास्तुकला का विवरण: एक अवलोकन

सिख सम्प्रदायों की सहायता से स्वर्गीय बाबा हरबंस सिंह द्वारा निर्मित ये गुरुद्वारा एक ऊंची दीवारों वाले कंपाउंड पर खड़ा है, जिसके प्रवेश द्वार पर एक नोकदार तोरण है। गुरुद्वारे की मुख्य इमारत ऊंची दीवारों वाली सुगठित दो-मंज़िला संरचना है। दीवारों के साथ एक गैलरी भी बनी है। यहाँ एक चौकोर प्रकाश स्थान है और *गुरु ग्रन्थ साहिब* के लिए एक विश्रामकक्ष है। गुरुद्वारे की इमारत सफ़ेद संगमरमर से बनी है। अंदर की दीवारों पर सफ़ेद, हरे, नीले और गुलाबी रंग के कांच के टुकड़ों से फूलों के डिज़ाइन बनाये गये हैं। पश्चिम की ओर स्थित गुरुद्वारे के चारों ओर बारह दरवाजे हैं, जिन पर संगमरमर के खूबसूरत नक्काशीदार डिज़ाइन भी दिखाई देते हैं। यह माना जाता है कि सभी सजावटी डिज़ाइन मुख्य रूप से राजस्थान के मुस्लिम कारीगरों द्वारा बनाये गये हैं। अन्य सभी गुरुद्वारों की तरह इस गुरुद्वारे में भी अखंड पाठ के लिए एक अलग कक्ष है।

गुरुद्वारे के भूतल में बने विशाल हॉल का उपयोग पर्यटकों और तीर्थयात्रियों के लिए किया जाता है। विशेष रूप से जब वे गर्मी के मौसम में उत्तराखंड में केदारनाथ, बद्रीनाथ और हेमकुंत साहिब जाते समय रात बिताने के लिए यहाँ ठहरते हैं।

दैनिक कार्यक्रम

गुरुद्वारे में कुछ दैनिक कार्यक्रम सुबह से ही शुरू होकर रात में 8.30 बजे तक चलते हैं। प्रतिदिन गुरु ग्रन्थ साहिब-जी-का-प्रकाश, सुखमनी-साहिब-जी-का-पाठ, नितनेम, अरदास, हुकम का पाठ, आसा-दी-वार का पाठ, कड़ाह प्रसाद वितरण, सोदार और सोहिला का पठन, शास्त्रीय भजन, कीर्तन गायन होते हैं। सुखासन के साथ इन दैनिक कार्यक्रमों का अंत होता है।

गुरुद्वारे में समाज में अपनी हैसियत दरकिनार कर सभी श्रद्धालु समान रूप से फ़र्श पर ही बैठते हैं। सिख या ग़ैर-सिख भक्तों के बीच कोई भेदभाव नहीं किया जाता है। व्यक्ति-विशेष के लिए किसी प्रकार का पक्षपात नहीं किया जाता।

इस संदर्भ में यह विशेष रूप से उल्लेखनीय है कि सिख तीर्थस्थानों में महिलाओं और पुरुषों को समान दर्ज़ा मिलता है। महिलाएं किसी भी प्रतिबन्ध के बिना संगत में जा सकती हैं। उन्हें पूजा करने और गुरुद्वारे की सभी प्रथाओं को निभाने का समान अधिकार

सामने का पृष्ठ:
गुरुद्वारा दमदमा साहिब का संपूर्ण दृश्य

है। वे सभी धार्मिक समारोह में भाग ले सकती हैं और गुरुद्वारा एवं सामुदायिक रसोई में सेवा का नेतृत्व कर सकती हैं। स्वाभाविक रूप से ही सिख समाज में एक आम आदमी समाज में महिलाओं की समानता पर विश्वास करता है। इसका श्रेय गुरु नानक और उनके बाद के गुरुओं को जाता है। गुरु नानक ने घोषणा की, "महिलाओं का सम्मान किया जाना चाहिए, क्योंकि वे मनुष्य के भौतिक अस्तित्व और सम्पूर्ण सामाजिक जीवन का स्रोत हैं। मनुष्य उनके माध्यम से ही दुनिया से जुड़ा है"।

गुरुद्वारा दमदमा साहिब में एक विशाल सामुदायिक रसोई है, जहाँ सभी आगंतुकों को भोजन खिलाया जाता है। यहाँ लगभग 200-300 व्यक्ति रोज़ाना भोजन करते हैं। प्रायः रविवार को विशेष भोजन परोसे जाने के कारण यह संख्या 500 से भी अधिक हो जाती है। लंगर के अवसर पर किये गये अध्ययन से पता चलता है कि अधिकांश आगंतुक निकटतम इलाकों से आते हैं जिनमें ना केवल सिख, बल्कि हिन्दू और मुस्लिम समुदाय के लोग भी शामिल होते हैं। सिख गुरुओं द्वारा शुरू की गयी गुरु-का-लंगर की प्रथा इस तथ्य की पुष्टि करती है एक भूखे व्यक्ति को धार्मिक उपदेश खोखले और झूठे सुनाई देते हैं।

सामाजिक-सांस्कृतिक गतिविधियाँ

गुरुद्वारे में आयोजित संस्कार और समारोहों में मुख्य रूप से जन्म समारोह, नामकरण समारोह, विवाह समारोह और मृत्यु संस्कार शामिल हैं। अरदास के बिना किसी भी

गुरुद्वारा दमदमा साहिब में गुरु-का-लंगर जहाँ रविवार को विशेष भोजन परोसा जाता है।

समारोह को पूरा नहीं माना जाता। इस गुरुद्वारे में महान उत्साह के साथ मनाया जाने वाला विशेष सांस्कृतिक कार्यक्रम, होला मोहल्ला का त्यौहार है, जो वसंत ऋतु में मार्च के महीने में (होली के अगले दिन) मनाया जाता है। कीर्तन दरबार के अतिरिक्त गुरुद्वारे में एक मेले का आयोजन किया जाता है जिसमें विभिन्न इलाकों के लोग अपने उत्पादों एवं निर्मित वस्तुओं का प्रदर्शन करते हैं। इस मेले में हज़ारों की संख्या में आगंतुक और भक्त आते हैं।

हर साल मई और जून के महीने में 500-1000 तीर्थयात्रियों के (विदेशियों सहित) निज़ामुद्दीन रेलवे स्टेशन से उतरकर यहाँ आने पर गुरुद्वारा दमदमा साहिब उनके स्वागत-सत्कार की एक विशेष भूमिका अदा करता है। तत्पश्चात् तीर्थयात्री उत्तराखंड में हेमकुंत साहिब की यात्रा के लिए निकलते हैं। ऐसा माना जाता है कि गुरु गोबिंद सिंह ने अपने पिछले अवतार में हेमकुंत साहिब में बहुत लम्बे समय के लिए ध्यान में बैठे थे। अधिकांश तीर्थयात्री भारत के विभिन्न राज्यों से आते हैं और हेमकुंत साहिब के आगे की यात्रा शुरू करने से पहले कुछ घंटे यहाँ आराम करने के लिए रुकते हैं। गुरुद्वारा दमदमा (जिसका शाब्दिक अर्थ है अस्थायी आराम करने की जगह) साहिब अपने बड़े हॉल में भोजन और आश्रय प्रदान करता है। यह हॉल तीर्थयात्रियों के आवास की एक अतिरिक्त जगह के रूप में भी उपयोग में लाया जाता है।

अन्य प्रासंगिक जानकारियाँ

क्षेत्र के पुराने स्थानीय निवासियों को अभी भी इस क्षेत्र में मौजूद एक पुराना नीम का पेड़ और कुआँ याद है, वह क्षेत्र अब गुरुद्वारा परिसर की सीमा का हिस्सा है। मास्टर तारा सिंह (पूर्व अकाली दल, पंजाब के प्रमुख राजनैतिक नेता) के करीबी सहयोगी सरदार चन्दन सिंह आत्मविश्वास के साथ बताते हैं कि स्थानीय निवासियों द्वारा पुराना नीम का पेड़ औषधीय पौधे के रूप में और पुराने कुएँ को पीने के पानी के स्रोत के रूप में इस्तेमाल किया जाता था। जब स्वर्गीय बाबा हरबंस सिंह ने नए गुरुद्वारे की इमारत का निर्माण किया तो पुराने नीम के पेड़ को उखाड़ फेंका गया और कुएँ को अच्छी तरह मिट्टी से भरकर स्थायी रूप से बंद कर दिया था।

माता सुन्दरी

ਤੀਰ ਤੁਹੀ ਸੈਥੀ ਤੁਹੀ ਤੁਹੀ ਤਬਰ ਤਰਵਾਰ, ਨਾਮ ਤਿਹਾਰੋ ਜੋ ਜਪੈ, ਭਯੇ ਸਿੰਧ ਭਵ ਪਾਰ॥
ਜ. ਬਾਬਾ ਹਰਬੰਸ ਸਿੰਘ ਜੀ ਗੁ.
ਬੰਗਲਾ ਸਾਹਿਬ ਦਿੱਲੀ. ਕਾਰ ਸੇਵਾ
ਲਈ ਮਾਇਆ ਗੋਲਕ ਵਿੱਚ ਪਾਉ ਜੀ

ऐतिहासिक पृष्ठभूमि और संबंधित मिथक एवं किंवदंतियाँ

गुरुद्वारा माता सुन्दरी को मूल रूप से 'माता सुन्दरी की हवेली' के नाम से जाना जाता था। बाद में गुरु गोबिंद सिंह की दो प्रतिष्ठित पत्नियों माता सुन्दरी और माता साहिब कौर की याद में 1783 ईस्वी में सरदार बघेल सिंह द्वारा इसे गुरुद्वारे में परिवर्तित करवा दिया गया। दोनों माताओं ने राजनीति में बहुत दिलचस्पी ली और 7 अक्टूबर, 1708 को गुरु की मृत्यु के बाद सिखों का उचित मार्गदर्शन किया। इस गुरुद्वारे को एक ऐतिहासिक गुरुद्वारे के रूप में वर्गीकृत किया जा सकता है, पर एक ऐतिहासिक तीर्थस्थल के रूप में नहीं, क्योंकि गुरु गोबिंद सिंह इस जगह कभी आये ही नहीं। इस गुरुद्वारे को ऐतिहासिक रूप में इसलिए वर्गीकृत किया जा सकता है, क्योंकि माता सुन्दरी और माता साहिब कौर यहाँ लम्बे समय तक रहे थे और यहीं से उन्होंने 1721 ईस्वी में खालसा पंथ का नेतृत्व और सेवा की थी। उन्होंने यहीं पर बंदाइस (बंदा बहादुर के अनुयायियों) और तत् खालसा (सिखों का मुख्य समुदाय) के बीच विवाद को हल किया था।

उत्तराधिकार के युद्ध में विजय के बाद, राजकुमार मुआज़्ज़म ने सम्राट बहादुरशाह के रूप में सिंहासन ग्रहण किया। सितम्बर 1708 में बहादुरशाह ने गुरु गोबिंद सिंह को मिलने के लिए आगरा आमंत्रित किया। गुरु गोबिंद सिंह ने आगरा में सम्राट से मुलाकात की। सम्राट बहादुरशाह ने ना केवल सम्मान और महँगे उपहारों के साथ गुरु का स्वागत किया, बल्कि दक्षिण में अपने भाई के विद्रोह को दबाने के लिए उन्हें अपने (सम्राट के) अभियान में साथ चलने के लिए भी आमंत्रित किया। सम्राट चतुराई से 27 दिसम्बर, 1704 को सरहिन्द के वायसराय वज़ीर ख़ान के आदेश के तहत गुरु के दो छोटे बेटों (जोरावर सिंह और फतेह सिंह) को जिंदा दीवार में चुनवाने के लिए ज़िम्मेदार लोगों को दण्डित करने के प्रश्न से बचने का प्रयास कर रहा था। फ़िर भी गुरु ने नांदेड़ (पहले

सामने का पृष्ठ:
गुरुद्वारा माता सुन्दरी की इमारत के अंदर प्रकाश स्थान।

पृष्ठ 118-119:
माता सुन्दरी लेन, नई दिल्ली में स्थित गुरुद्वारा माता सुन्दरी का एक सामान्य दृश्य। यहाँ गुरु गोबिंद सिंह की दो महान पत्नियाँ माता सुन्दरी और माता साहिब कौर एक हवेली में रहती थीं, जिसे बाद में गुरुद्वारा में बदल दिया गया।

हैदराबाद राज्य में और अब महाराष्ट्र में) में शिविर करने का विचार से सम्राट के साथ यात्रा पर चलने की सहमति व्यक्त कर दी।

माता साहिब कौर ने रोजाना गुरु के दर्शन किये बिना भोजन को हाथ न लगाने की प्रतिज्ञा ली हुई थी। इसी कारण जब गुरु नांदेड़ जाने के लिए दिल्ली से निकलने वाले थे, तब उन्होंने गुरु के साथ चलने का आग्रह किया। गुरु ने अनिच्छा से माता साहिब कौर की अपील को मान लिया, पर कुछ समय के बाद गुरु गोबिंद सिंह ने अपनी पत्नी माता साहिब कौर को माता सुन्दरी के पास दिल्ली वापस जाने के लिए राजी किया। माता साहिब कौर गुरु को नांदेड़ में छोड़कर वापस आने के लिए तैयार नहीं थीं। गुरु ने उन्हें समझाया कि जब भी उनका मन उन्हें देखने के लिए करे तब वे गुरु द्वारा उन्हें दिल्ली में उपहार में दिए गये हथियारों को देख लें। माता साहिब कौर राजी हो गयीं और गुरु के भक्त और उनके मुंशी भाई मणि सिंह के साथ दिल्ली लौट आयीं। इसके बाद माता साहिब कौर हमेशा अपने भोजन से पहले इन हथियारों का दर्शन करतीं थीं।

माता सुन्दरी और माता साहिब कौर दोनों अपने जीवन के एक कठिन समय में दिल्ली आयीं जब गुरु गोबिंद सिंह ने मुग़ल सेना के अत्याचार के विरुद्ध युद्ध में (सम्राट औरंगज़ेब के अधीन) अपनी बूढ़ी माँ सहित अपने परिवार के पांच सदस्यों को खो दिया था। उनके दो बेटे अजीत सिंह और जुझार सिंह ने 22 दिसम्बर, 1704 को चमकौर साहिब (जिला रोपाड़, पंजाब) की लड़ाई में अपने प्राण त्याग दिए। "उनके दो छोटे बेटे, जोरावर सिंह और फतेह सिंह को 27 दिसम्बर, 1704 में सरहिन्द में दीवार में जिंदा चुनवा दिया गया।" (58) चमकौर से बचने के बाद गुरु गोबिंद सिंह हर जगह वेश बदलकर घूम रहे थे। पहले वे मच्छीवाड़ा (लुधियाना जिला, पंजाब का एक पुराना शहर) और फिर रायकोट (लुधियाना जिले में) पहुँचे। जब गुरु ने रायकोट में ये चौंकाने वाली खबर सुनी तो उन्होंने कहा:

यह ढांचा नश्वर है, अटल और विनाशकारी;

ईश्वर की स्तुति वह बेड़ा है जिसके द्वारा इस सांसारिक महासागर को सुरक्षित रूप से पार किया जा सकता है।

इस दिल दहला देने वाली खबर को सुनते ही गुरु की माँ माता गुजरी वहीं गिर गयीं और मौके पर ही उनकी मृत्यु हो गयी। अपने छोटे पुत्रों और बूढ़ी माँ की इस तरह हुई मृत्यु से व्यथित होकर उन्होंने रायकोट छोड़ दिया और वेश बदलकर पंजाब के मालवा इलाके के लिए निकल गये। भाई मणि सिंह ने गुरु की दोनों पत्नियों माता सुन्दरी और माता साहिब कौर को दिल्ली में सुरक्षा प्रदान की। उस समय वे अजमेरी गेट के पास कूचा दिलवाली सिंहन हवेली में रह रहीं थीं। 1725 तक दिल्ली में रहते समय किरपाल चंद (गुरु गोबिंद सिंह के मामा) और साहिब सिंह (माता साहिब कौर के भाई) ने उनकी सुख-सुविधाओं का ध्यान रखा। जब माताएं गुरु गोबिंद सिंह से अलग हुईं, तो माता सुन्दरी ने गुरु से एक लड़के को गोद लेने की अनुमति मांगी जो बिलकुल उनके सबसे बड़े बेटे अजीत सिंह की तरह दिखता था। गुरु गोबिंद सिंह अनिच्छा से सहमत हो गये, पर उन्होंने चेतावनी दी कि दत्तक लड़के की चेहरे की समानता का मतलब यह नहीं कि उसका चरित्र भी हमारे बेटे के ही समान होगा। दत्तक पुत्र का नाम भी अजीत सिंह था।

माता साहिब कौर पूरे खालसा की माँ बन गयीं थी। उन्हें एक तलवार, एक खंडा (दोधारी तलवार), एक खंजर (कृपाण) और दो कटार (खंजर), जिसे जमधार के नाम से भी जाना जाता है, पांच हथियार दिए गये थे। इन हथियारों में से तीन अब खो चुके हैं। माता साहिब कौर को हुकमनामों पर गुरु के मुहर-चिन्ह को इस्तेमाल करने के लिए भी अधिकृत किया गया था। अपने निजी संग्रह में सुरक्षित रखे दोनों माताओं के पत्रों के आधार पर डॉ. त्रिलोचन सिंह यह पुष्टि करते हैं कि "केवल माता साहिब कौर के पत्रों पर ही यह मुहर चिन्ह (एक तरह का क्रॉस) अंकित है"।(59)

गुरु गोबिंद सिंह अन्तिम गुरु (उत्तराधिकार में दसवें) की अनुपस्थिति में माता सुन्दरी के दत्तक पुत्र अजीत सिंह ने सिखों के ग्यारहवें गुरु बनने की योजना बनाई थी। उसके अक्खड़पन और दुस्साहस को सहन करने में असमर्थ माता सुन्दरी ने उसे त्याग दिया। इसके तुरंत बाद दत्तक पुत्र दुर्भाग्यवश एक मुस्लिम फ़कीर की हत्या के अपराध

सामने का पृष्ठ ऊपर:
चित्रकला-गुरु गोबिंद सिंह के दो छोटे बेटे, जोरावर सिंह और फतेह सिंह, नवाब वजीर खान के सामने मुकदमे का सामना करते हुए। उन्हें इस्लाम स्वीकार करने के लिए कहा गया था लेकिन उन्होंने अपना धर्म छोड़ने से इन्कार कर दिया।

सामने का पृष्ठ नीचे:
नवाब वज़ीर ख़ान के आदेश के अनुसार, जोरावर सिंह और फ़तेह सिंह को सरहिन्द में 27 दिसम्बर, 1704 को ज़िन्दा दीवार में चुनवा दिया गया।

(पता नहीं सही या ग़लत) में फंस गया। 18 जून, 1725 को उसे एक हाथी की पूँछ से बांधकर पूरे शहर में घसीटा गया और मार डाला गया। अजीत सिंह को मिले मृत्युदंड के बाद माता सुन्दरी और माता साहिब कौर ने दिल्ली से बाहर चले जाना ही सुरक्षित समझा। वे मथुरा के लिए रवाना हुईं और वहाँ दो साल तक रहीं और जब मामला शांत हो गया तो दिल्ली वापस आ गयीं। मथुरा में जयपुर के महाराजा ने उनके रहने की व्यवस्था की थी। दोनों माताओं ने मथुरा से वापस आकर चाँदनी चौक से करीब दो किलोमीटर दूर तुर्कमान गेट के बाहर अपना घर बनाया। इस घर को माता सुन्दरी की हवेली के नाम से जाना जाता था। बाद में यह गुरुद्वारा माता सुन्दरी के नाम से जाना जाने लगा।

नांदेड़ में अपने प्रवास के दौरान (सितम्बर-अक्टूबर 1708 ईस्वी) गुरु गोबिंद सिंह विभिन्न जत्थों को संबोधित करते थे। एक दिन गुरु एक बड़ी मण्डली को संबोधित कर रहे थे। जस्मिद ख़ान नाम का एक हट्टा-कट्टा जवान पठान वहाँ आया और उसने गुरु के आदर में अपने सिर को झुकाया। गुरु ने भी उसके प्रति विनम्रता दिखाई और अपने दरबार में सम्मान की जगह दी। पठान नियमित रूप से गुरु के दरबार में आने लगा था। गुरु के साथ-साथ अन्य किसी भी व्यक्ति को पठान के असली इरादों के बारे में कभी कोई संदेह नहीं हुआ। वास्तव में उसे सरहिन्द के फौज़दार वज़ीर ख़ान ने गुरु को मारने के लिए भेजा था। 20 सितम्बर, 1708 को पठान फिर से गुरु के दरबार में आया और सामान्य से अधिक समय तक वहाँ रहा। मण्डली ख़त्म होने के बाद गुरु अपने तम्बू में चले गये। पठान भी उनके पीछे गये और गुरु के सामने सिर झुकाया। जब गुरु ने उसे आशीर्वाद देने के लिए अपना सिर उठाया तो पठान ने अपना खंजर निकाला और गुरु को घोंप दिया। यद्यपि गुरु गोबिंद सिंह ने अपनी कृपाण से उसे वहीं मौके पर मार डाला पर वे खुद गंभीर रूप से घायल हो गये और बहुत खून बहने लगा। गुरु के घावों पर उस समय पट्टी बांध दी गयी और बाद में सम्राट बहादुरशाह के यूरोपियन सर्जन कोल ने अपने कौशल से गुरु के घावों की समुचित चिकित्सा की। लगभग 15 दिनों में गुरु पूरी तरह से स्वस्थ हो गये थे। लेकिन एक दिन वे एक भक्त द्वारा उपहार में दिए गये धनुष को मोड़ने की कोशिश कर रहे थे तो उनके टाँके टूट गये और बेहद खून बहने लगा। 7 अक्टूबर, 1708 को, गुरु ने नांदेड़ में अपना भौतिक शरीर छोड़ दिया। जिस स्थान पर

गुरु ने अपनी अंतिम सांस ली थी वहाँ तख़्त सचखंड श्री हज़ूर साहिब अबिचल नगर के नाम से एक गुरुद्वारा बनाया गया।

गुरु गोबिंद सिंह की नांदेड़ में हुई मृत्यु के बाद माता सुन्दरी ने राजनैतिक मामलों में बहुत रुचि ली और सिखों को दिशा-निर्देश दिया। सिख उनकी हवेली में इकट्ठा हुआ करते थे। सभी लोग उनका बहुत सम्मान किया करते थे और उनके निर्देशों का पालन किया करते थे। इसी हवेली से ही माता सुन्दरी ने 1721 ईस्वी में बंदाइस (बंदा बहादुर के अनुयायी, गुरु गोबिंद सिंह के एक महान भक्त जो नांदेड़ में गुरु के प्रवास के दौरान गुरु द्वारा दीक्षा ले चुके थे) और तत् खालसा (सिखों का मुख्य समुदाय) के बीच के विवाद का हल निकाला था। उन्होंने अपने दिवंगत पति के मुंशी, उस समय के सबसे सम्मानित सिख भाई मणि सिंह को अमृतसर जाने और मतभेदों को दूर करने और दोनों समूहों के बीच मध्यस्थता करने के लिए नियुक्त किया, ताकि मामले को सभी के हित में सुलझाया जा सके। विवाद सुलझ जाने के बाद माता सुन्दरी ने भाई मणि सिंह को हरमंदिर के प्रशासन का प्रभार संभालने के लिए कहा। उपलब्ध स्रोतों से मिली जानकारी से पता चलता है कि भाई मणि सिंह से अन्य मुंशी भाई शिहान सिंह को मंदिर की हवेली से गुरु गोबिंद सिंह के पवित्र लेख प्राप्त हुए और उन्होंने उन लेखों को संशोधित भी किया। यह भी कहा जाता है कि सितम्बर 1708 ईस्वी में नांदेड़ के लिए निकलने से पहले गुरु गोबिंद सिंह ने दमदमा साहिब में *गुरु ग्रन्थ साहिब* के कुछ हिस्सों को भाई मणि सिंह को सुनाया था।

संवत् 1804 विक्रमी (1747 ईस्वी) को इस पवित्र हवेली में माता सुन्दरी का निधन हो गया। माता साहिब कौर की मृत्यु की सही तारीख ज्ञात नहीं है लेकिन यह माना जाता है कि उनकी मृत्यु 1747 में माता सुन्दरी की मृत्यु से कुछ समय पहले ही हो गयी थी।

दोनों पवित्र माताओं की समाधियाँ आज गुरुद्वारा बाला साहिब के परिसर में हैं जिन्हें सरदार बघेल सिंह के द्वारा निर्मित कराया गया था।

माता साहिब कौर की मृत्यु के बाद गुरु गोबिंद सिंह द्वारा उन्हें उपहार में दिए हथियारों को भाई जीवन सिंह ने (गुरु गोबिंद सिंह के परिवार के एक विश्वसनीय व्यक्ति) और बाद में उनके वंशजों ने तुर्कमान गेट, पुरानी दिल्ली के पास मत्या बाजार के चितली कबर

मोहल्ला में अपने घर में सुरक्षित रखा। "इन हथियारों की उपस्थिति से वह जगह पवित्र बन गयीं। बाद में हथियारों को गुरुद्वारा रकाब गंज में स्थानांतरित कर दिया गया"। (60)

वास्तुकला का विवरण : एक अवलोकन

माता सुन्दरी लेन, नई दिल्ली में स्थित गुरुद्वारा माता सुन्दरी आज एक खूबसूरत और मनमोहक तीन मंज़िला इमारत है, जिसे हाल के वर्षों में स्वर्गीय बाबा हरबंस सिंह की देखरेख में कारसेवा के माध्यम से निर्मित कराया गया है।

उत्तर की ओर स्थित इस गुरुद्वारा भवन के चारों तरफ़ चार दरवाजे हैं। इसमें सत्रह खिड़कियाँ बनी हैं, जो दर्शकों को यह आभास कराती हैं कि इस इमारत को हवेली की शैली को ध्यान में रखते हुए डिज़ाइन किया गया है। इस हवेली में 40 वर्षों तक माता सुन्दरी ने निवास किया था। भवन की सपाट छत छः मुख्य स्तम्भों के सहारे खड़ी है जो आमतौर पर दिल्ली के अन्य ऐतिहासिक गुरुद्वारों में दिखाई नहीं देती। इमारत के केन्द्रीय गुम्बद छत पर एक अलग कमरे में बने हुए हैं। इमारत की मुहार में छत के ऊपर पहली मंजिल पर खिड़कियाँ और सजावटी गुम्बददार छतरियाँ हैं।

सामाजिक-सांस्कृतिक गतिविधियाँ

गुरुद्वारा माता सुन्दरी को किसी भी गुरु ने पवित्र चरणों से स्पर्श नहीं किया था, इसी कारण यहाँ दिल्ली के अन्य ऐतिहासिक गुरुद्वारों की तुलना में श्रद्धालुओं और भक्तों की संख्या काफ़ी कम रहती है। रविवार को भी गुरु-के-लंगर में केवल कुछ श्रद्धालु ही आते हैं। संगठनात्मक प्रार्थनाओं सहित दैनिक कार्यक्रम भी कम ही आयोजित किये जाते हैं। यहाँ हर साल 27 दिसम्बर को गुरु गोबिंद सिंह के पुत्रों की पुण्यतिथि पर एकमात्र विशेष समारोह आयोज़ित किया जाता है।

इस संबंध में यह याद रखना महत्त्वपूर्ण है कि दिसम्बर के महीने में (दिसम्बर 21-22) के दौरान वर्ष 1704 में गुरु गोबिंद सिंह ने अपने बड़े बेटों अजीत सिंह और ज़ुझार सिंह को चमकौर में मुग़ल सेना के विरुद्ध एक भयंकर ऐतिहासिक लड़ाई में खो दिया था। चमकौर में गुरु गोबिंद सिंह के पुत्रों की बहादुरी, वीरता और पराक्रम का एक नया अध्याय मानवता के इतिहास में जुड़ा। चमकौर को एक पवित्र स्थान माना जाता है जो

सामने का पृष्ठः
गुरुद्वारा माता सुन्दरी की चौदह खिड़कियों और एक साधारण चारदीवारी का दृश्य।

गुरु के दो बड़े पुत्रों के रक्त द्वारा पवित्र हुआ है। इतिहास का निर्माण करने वाली महान घटनाओं की स्मृति में ये भव्य गुरुद्वारे यहाँ खड़े हैं। महान घटनाओं और विशेष रूप से गुरु गोबिंद सिंह के पुत्रों की मृत्यु की याद में माता सुन्दरी गुरुद्वारा 21 दिसम्बर को एक विशेष वार्षिक मेले का आयोजन करता है। 21 और 22 दिसम्बर को चमकौर साहिब में इसी प्रकार का आयोजन किया गया था।

अन्य प्रासंगिक जानकारियाँ

गुरुद्वारे में होने वाली नियमित गतिविधियों के अलावा अन्य कार्यक्रमों का उल्लेख करना भी आवश्यक है।

गुरबानी संगीत अकादमी : दिल्ली सिख गुरुद्वारा प्रबंधन समिति के तत्वावधान में चलने वाली इस अकादमी में कीर्तन और तबला वादन सिखाया जाता है।

गुरमत कॉलेज : पंजाबी विश्वविद्यालय, पटियाला से संबंधित यह कॉलेज, पंजाबी एवं अंग्रेज़ी भाषा में गुरमत के अध्ययन और सिख धर्म के मूल सिद्धांतों के लिए स्नातक और स्नातकोत्तर पाठ्यक्रम चलाता है। कॉलेज द्वारा सिख अध्ययन में बी.ए और एम.ए, धार्मिक अध्ययन में एम.ए और गुरमत संगीत में एम.ए. जैसे अन्य पाठ्यक्रम संचालित किये जाते हैं। इसके अतिरिक्त आध्यात्मिक शिक्षा में, गुरमत संगीत और ग्यानी में डिप्लोमा आदि भी पाठ्यक्रम का हिस्सा हैं। *गुरु ग्रन्थ साहिब* पर एक अल्पकालिक अध्ययन पाठ्यक्रम भी यहाँ शुरू किया गया है।

गुरमत की शिक्षाएं न केवल सिखों के सामाजिक-सांस्कृतिक जीवन में महत्त्वपूर्ण भूमिकाएं निभाती हैं, बल्कि समाज में सभी वर्ग के लोगों के बीच आत्मनिर्भरता के सन्देश को प्रसारित करने में भी योगदान देती हैं। सिख धर्म ने गुरु नानक से लेकर भारतीय राष्ट्र को प्रेरित करने और उसे आगे बढ़ाने की कोशिश की। सिख गुरुओं ने घोषणा की कि पूरी मानव जाति एक है। किसी विशेष वर्ग या पंथ का होने के कारण किसी व्यक्ति-विशेष का सम्मान नहीं किया जाना चाहिए, अपितु इसलिए किया जाना चाहिए, क्योंकि ईश्वर ने उसे बनाया है। सिख धर्म के अनुसार सभी मनुष्यों ने ईश्वर से अपनी आत्माओं को प्राप्त किया है, इसलिए सभी के साथ समान रूप से व्यवहार किया जाना चाहिए।

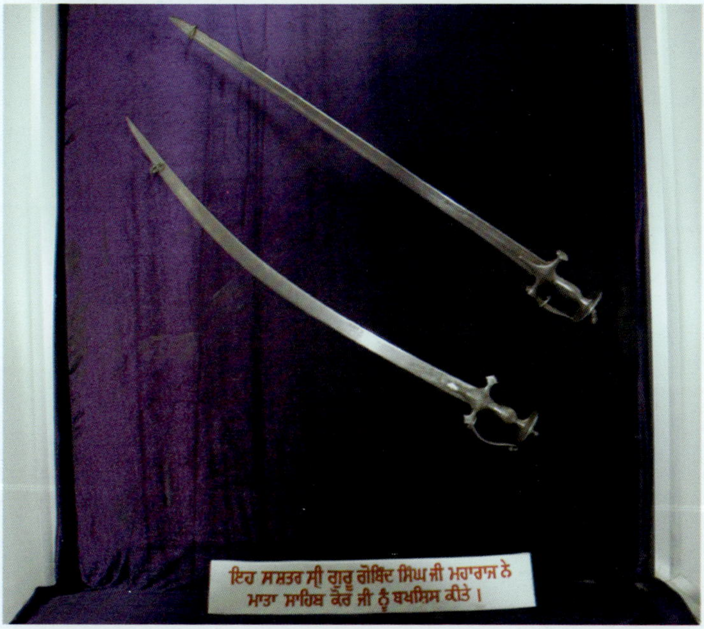

माता सुन्दरी गुरुद्वारे में रखी हुईं इन दोनों तलवारों को गुरु गोबिंद सिंह ने माता साहिब कौर को उपहार में दिया था।

सिख धर्म के सिद्धांत मूल रूप से मनुष्य के विकास, उनकी नैतिकता और सद्‌चरित्र से संबंधित हैं। गुरु गोबिंद सिंह ने घोषणा की थी कि सभी मनुष्य समान हैं और केवल उनका बाह्य रूप अलग होता है। अकाल उस्तात 86 में कहा गया है :

सभी मनुष्यों को एक रूप में पहचानें, सभी लोग समान हैं,
हालाँकि वे विभिन्न प्रभावों के तहत विभिन्न दिखाई देते हैं।
कुछ गोरे, कुछ काले, कुछ बदसूरत, और कुछ सुंदर,
हिन्दुओं और मुसलमानों ने खुद को विभिन्न देशों की सभ्यता के अनुसार विकसित किया है।
सभी की आँखें समान हैं, कान समान हैं, शरीर समान हैं,
और उन्हें एक जैसा ही बनाया गया है - चार तत्वों से बने शरीर एक जैसे हैं।(61)

बाबा बंदा सिंह बहादुर

ऐतिहासिक पृष्ठभूमि और संबंधित मिथक एवं किंवदंतियाँ

महरौली, नई दिल्ली में स्थित गुरुद्वारा बाबा बंदा सिंह को 1716 में बंदा सिंह बहादुर की शहादत और उनके चार साल के बेटे और कई अन्य सिखों की मृत्यु की पुण्यस्मृति में बनाया गया था। यह एक सिख तीर्थस्थल नहीं है लेकिन निश्चित रूप से एक ऐतिहासिक गुरुद्वारा है, क्योंकि यह बंदा सिंह बहादुर के अपने देशवासियों के लिए सर्वोच्च बलिदान का प्रतीक है। अत्याचारी मुग़ल साम्राज्य के विरुद्ध उनके सतत संघर्ष ने उन्हें एक महान राष्ट्रीय नायक बना दिया था। हालाँकि बंदा बहादुर मुसलमानों की दृष्टि में राक्षस थे। उन्हें पहला सिख साम्राज्य निर्माता माना जाता था। गुरु गोबिंद सिंह के एक सच्चे अनुयायी के रूप में उन्होंने उनसे सच्चाई, ईमानदारी, अदम्य भावना, असीम उत्साह, दुर्लभ साहस और अपने लक्ष्य के लिए एकमात्र दृढ़ निष्ठा जैसे उच्च आदर्शों को आत्मसात किया। एक प्रसिद्ध इतिहासकार मोहम्मद लतीफ़ कहते हैं, "गुरु गोबिंद सिंह ने अपने पिता और दो पुत्रों की मृत्यु का बदला लेने के लिए बंदा सिंह बहादुर का चयन किया था, क्योंकि क्रूर मुसलमानों का मुकाबला करने के लिए गुरु को उनसे अच्छा विकल्प नहीं मिल सकता था।" (62)

बंदा सिंह बहादुर ने पंजाब में अत्याचारी मुग़ल शासन के खिलाफ़ सिखों में चेतना जगायी। सिख धर्म में उनका अचल विश्वास ही उनकी शहादत का कारण बना।

नांदेड़ में 7 अक्टूबर, 1708 ईस्वी को गुरु गोबिंद सिंह की मृत्यु हो गयी थी। उनकी मृत्यु के ठीक पहले गुरु ने सिख पन्थ के नेता के रूप में नांदेड़ के एक साधु बंदा सिंह बहादुर को नियुक्त किया जो मूल रूप से पूंछ (जम्मू और कश्मीर) के रहने वाले थे। उन्होंने गुरु गोबिन्द सिंह से दीक्षा ली और पाहुल प्राप्त करके सिख बन गये। गुरु ने विशेष रूप से बंदा बहादुर को निर्देश दिया कि वे वज़ीर ख़ान के हमले से लोगों की रक्षा करें।

सामने का पृष्ठ:
महरौली में स्थित गुरुद्वारा बंदा सिंह बहादुर का एक दृश्य।

पृष्ठ 130-131:
ख़्वाजा कुतुब-उद-दीन बख़्तियार काकी दरगाह (कुतुब मीनार, महरौली) के पास स्थित गुरुद्वारा बंदा सिंह बहादुर का एक दृश्य। इमारत आकार में छोटी है, जिसके शीर्ष पर केवल एक बड़े आकार का गुम्बद है।

गुरु ने उन्हें पूरे देश के सिखों को संबोधित करने के लिये एक हुकमनामा दिया, जिसमें सिखों को बंदा सिंह बहादुर के नेतृत्व में इकठ्ठा होने और उनकी आज्ञाओं का पालन करने के लिए बुलाया गया था। दक्षिण से उत्तर की उनकी यात्रा के दौरान बंदा बहादुर को पता चला कि वज़ीर ख़ान द्वारा भेजे गये एक हत्यारे ने गुरु गोबिंद सिंह पर वार किया था।

इस तानाशाह और उसके हिन्दू सहयोगी सुचानंद को दण्डित करने का निश्चय करके बंदा बहादुर ने अपनी सशक्त सेना के साथ अक्टूबर 1708 ईस्वी को सरहिन्द की तरफ़ मार्च किया। उनका मुख्य उद्देश्य एक सिख राज्य स्थापित करना, राष्ट्रीय स्वतंत्रता प्राप्त करना, और गुरु गोबिंद सिंह और उनके दो छोटे पुत्रों की हत्या के जघन्य अपराध का बदला लेना था। सरहिन्द जाते समय रास्ते में बंदा बहादुर ने उन दलित कारीगरों को एकत्रित किया जिन्हें उन्होंने सामन्ती शासकों की गुलामी से मुक्त कर दिया था और उन्हें उस भूमि का मालिक बना दिया था जिस पर वे हल चलाते थे। अनगिनत संख्या में ये किसान उनके साथ शामिल हो गये जिसके कारण उन्हें सरहिन्द पर विजय प्राप्त हुई। वज़ीर ख़ान और सुचानंद को मार दिया गया। सरहिन्द के पूरे प्रांत पर कब्जा कर लिया गया। सिक्के प्रभाव में लाये गये और लाहौर के पूर्व से जम्मू की पहाड़ियों तक लगभग पूरे पंजाब में खालसा की संप्रभुता स्थापित की गयी।

लगातार गुरु गोबिंद सिंह के लिए मुश्किलें पैदा करने वाले और आनंदपुर के विनाश में मुग़ल सेनाओं की मदद करने वाले शिवालिक पहाड़ियों के हिन्दू प्रमुखों को भी सजा दी गयी। पंजाब में अपना प्रभाव स्थापित करने के बाद बंदा बहादुर ने अपनी राजधानी सरहिन्द से मुख़लिसपुर में स्थानांतरित कर दी। साधुरा (जिला सिरमौर, हिमाचल प्रदेश) के पास एक पहाड़ी जगह पर एक किले का निर्माण किया जिसे लौहगढ़ (लोहे का किला) कहा गया। पहाड़ी के राजा ने बंदा सिंह के हमले की आशंका देखते हुए पहले ही आत्मसमर्पण कर दिया। 18 फ़रवरी, 1712 ईस्वी को बहादुर-शाह की मृत्यु के बाद 1713 ईस्वी में बहादुरशाह के बेटे को गद्दी से हटाकर फ़र्रुखसियार खुद सम्राट बन गया। उसने पंजाब के राज्यपाल ज़कारिया ख़ान को निर्देश दिया कि वह किसी भी कीमत पर बंदा सिंह को मार डालें और सिखों

गुरुद्वारा बंदा सिंह बहादुर के प्रकाश स्थान का एक दृश्य।

सामने का पृष्ठः
सरदार बंदा सिंह बहादुर द्वारा जारी किये गये सिक्के के दोनों पहलू।

को पूरी तरह नष्ट कर दें। करीब पांच साल तक बंदा और उसकी सेना अपने दुश्मन के लिए आतंक बने रहे। आख़िर में मुग़ल सेना ने पहाड़ी राज्यों के हिन्दू प्रमुखों की सहायता से पंजाब के गुरदासपुर के निकट गुरदास नंगल में बंदा सिंह बहादुर की सेना को पकड़ लिया। "बंदा सिंह और उनकी सेना ने आठ महीने की लड़ाई के बाद आत्मसमर्पण कर दिया, क्योंकि भुखमरी ने उन्हें बहुत कमज़ोर और असहाय बना दिया था। 7 दिसम्बर, 1715 ईस्वी को बंदा सिंह को गिरफ़्तार कर लिया गया"।

भारी जंजीरों और लोहे के पिंजरे में बंद करके बंदा सिंह को 29 फ़रवरी, 1716 ईस्वी को दिल्ली लाया गया। बंदा बहादुर सहित सभी कैदियों को मौत या इस्लाम

में से किसी एक को चुनने का विकल्प दिया गया लेकिन सभी ने मौत को चुना। पुरानी दिल्ली के पुलिस स्टेशन के सामने कोतवाल सरबराह ख़ान की देखरेख में 3 मार्च, 1716 ईस्वी को बंदा और उनके साथियों के प्राणदण्ड की प्रक्रिया शुरू हुई। इतिहासकार मोहम्मद लतीफ़ के अनुसार बंदा सिंह और उनके साथी कैदियों को ऐसी ज़िल्लत का सामना करना पड़ा जिसको शब्दों में नहीं बयाँ जा सकता। उन्हें भेड़ों की खाल पहनाकर और गधों और ऊंटों पर बैठाकर दिल्ली की भीड़ भरी सड़कों पर परेड कराई गयी।

यह 10 मार्च, 1716 ईस्वी की बात थी। बंदा सिंह बहादुर को सिख बन्धुओं के इस जुलूस में सबसे आगे रखा गया था। बंदा बहादुर के चेहरे पर कालिख पोत दी गयी और उन्हें एक लोहे के पिंजरे में बैठने पर मज़बूर किया गया जो कि हाथी के ऊपर रखा था। उपहास के लिए एक सोने की कढ़ाई वाली लाल पगड़ी और सोने के अनार के फूलों के साथ कशीदाकारी वाली उज्ज्वल लाल रंग की जरी का एक भारी वस्त्र पहनाया गया। उनके पीछे नंगी तलवार हाथ में लिए एक जल्लाद खड़ा था। "अघाराबाद से शहर के लाहौरी गेट तक कई मील की दूरी पर दोनों ओर सैनिकों की कतार थी और साथ में भीड़ का हुज्जूम बंदा सिंह का मज़ाक उड़ा रहा था और उनके अनुयायियों को देखकर हंस रहा था" (64)। हर दिन सौ बहादुर पुरुषों को मारा गया और रात में उनके बिना सिर वाले धड़ों को गाड़ियों में भरकर शहर से बाहर ले जाकर पेड़ों पर लटका दिया गया। यह 9 जून, 1716 की बात थी। बंदा बहादुर अभी भी इस्लाम को अपने धर्म के रूप में स्वीकार करने के लिए तैयार नहीं थे। जब उनकी सभी कोशिशें बंदा बहादुर का फैसला बदलने में नाकामयाब हो गईं तो बंदा को शहर की सड़कों से होते हुए कुतुब मीनार और सम्राट बहादुरशाह के मकबरे के पास सूफ़ी संत ख़्वाजा बख़्तियार काकी की समाधि पर ले जा कर परेड कराई गई। एक बार फिर उन्हें इस्लाम या मौत चुनने का विकल्प दिया गया। बंदा सिंह ने मौत को ही चुना।

बंदा सिंह की मौत वाले दिन उनके चार वर्षीय बेटे अजय सिंह को उनके हाथों में डाल दिया गया और बंदा सिंह को उसे मारने के लिए कहा गया। उन्होंने मना कर दिया। बंदा के इन्कार करने पर उस मासूम बच्चे को बेरहमी से मारा गया और उसके दिल को बाहर निकालकर उसके पिता बंदा सिंह के मुँह में ठूँस दिया गया।

चित्रकला में पांच सिखों के साथ नांदेड़ से पंजाब के लिए प्रस्थान करने की पूर्व संध्या पर बंदा सिंह बहादुर गुरु गोबिंद सिंह से आशीर्वाद और सलाह लेते हुए।

मुन्तख़िब-उल-लुबाब के लेखक ख़ाफ़ी ख़ान के अनुसार न्यायिक अधिकारियों में से एक सदस्य मोहम्मद आमिन ख़ान ने बंदा सिंह के असाधारण रूप, चेहरे के तेज और उनके आचरण की कुलीनता से प्रभावित होकर बंदा सिंह से पूछा, "इतना महान और सच्चा भक्त किस तरह इतने जुल्म सहने का हकदार हो सकता है?" बंदा सिंह ने शांत और दृढ़ आवाज़ में उत्तर दिया, "हर आस्था और हर देश में जब भी मनुष्य भ्रष्ट, हिंसक और जघन्य हो जाता है, तो ईश्वर प्रतिशोध के लिए मेरी जैसी विपत्ति को भेजकर उन्हें सबक सिखाता है। इन पाखंडियों और पापियों को दण्डित करने के लिए मेरे जैसे आदमी को जो कुछ भी करना पड़ता है, ईश्वर ने उसके लिए मुझे इसी जीवन में दुखों के माध्यम से प्रायश्चित कराना ठीक समझा है"।

इसके बाद बंदा सिंह बहादुर को कोतवाली यार्ड के सामने क्रूरता से मौत की सजा दी गयी थी। उनकी आँखों को चाकू से निकाल दिया गया। बायाँ पैर काट दिया गया। उनके मांस को शरीर से लाल गर्म चिमटे से खींच-खींचकर निकाला गया और फिर शरीर के अंगों को टुकड़ों-टुकड़ों में काटा गया। इतिहासकार माउंट स्टुअर्ट एलफ़िन्स्टन अपनी किताब *एन अकाउन्ट ऑफ़ द किंगडम ऑफ़ काबुल* में कहते हैं, "ईश्वर की इच्छा से इस्तीफ़ा

देते हुए बंदा सिंह रविवार 9 जून, 1716 ईस्वी को सिख धर्म में अपने अडिग विश्वास में मारे गये"। वे कहते हैं, "उस युग में हो रहे पक्षपात और अत्याचार से लड़ने के लिए उन्हें ईश्वर ने तैयार किया गया था"।(65) ठीक तीन साल बाद "प्रतिशोधवश शत्रुओं ने बंदा सिंह और उनके साथियों के हत्यारे सम्राट फ़र्रुखसियार को भी क्रूरता में पीछे छोड़ दिया। फ़र्रुखसियार को 28 अप्रैल, 1719 ईस्वी को पद से हटाकर कैद में अँधा कर दिया गया और अंततः अत्यंत क्रूरतापूर्वक मौत के घाट उतार दिया गया"।(66)

"इस प्रकार बंदा बहादुर की मृत्यु हो गयी- एक इंसान जिसने पहले शांतिपूर्ण ढंग से किसी एकांत में रहने के लिए दुनिया का त्याग किया। दलित किसानों को उनके हक के प्रति जागरूक करने के लिए शांतिपूर्ण और एकांत जीवन को त्याग दिया और हथियार उठा लिए। एक ऐसा व्यक्ति जिसने हिंसा से दुनिया के सबसे शक्तिशाली साम्राज्य को नींव से हिला कर रख दिया कि वह साम्राज्य फिर कभी अपनी सत्ता को पुनः स्थापित करने में सक्षम नहीं हो पाया"।(67)

बंदा सिंह बहादुर की शहादत को अनंत काल तक नहीं भुलाया जा सकता। उन्होंने अपने धर्म की रक्षा के लिए अपना सब कुछ बलिदान कर दिया। इतनी अमानवीय यातना सहते हुए भी दुश्मन के सामने हथियार नही डाले। बंदा सिंह भारत की अठारहवीं शताब्दी में पैदा हुए सबसे उल्लेखनीय पुरुषों में से एक थे। "वह पहले व्यक्ति थे जिन्होंने सिखों की राजनैतिक संप्रभुता की नींव रखी थी। वे लोगों के विचारों में एक क्रान्ति लाये थे। वह हिन्दुओं के लिए एक महान राष्ट्रीय नायक और सिखों के पहले साम्राज्य निर्माता थे। (68)

बंदा सिंह बहादुर एक असली क्षत्रिय थे। उन्हें अपनी जाति से बहादुरी, वीरता, स्वतंत्रता के लिए प्रेम और आत्मरक्षा की भावना विरासत में मिली थी। "उनका राष्ट्र और देशभक्ति के लिए उत्साह आगे जाकर गुरु को मिली पीड़ा और उनके त्याग और अंत में मुग़लों द्वारा अत्यंत क्रूरतापूर्वक की गयी उनकी हत्या से और बढ़ गया"।

कुछ सिख लेखकों ने फ़तेह दर्शन की उनकी धारणा के लिए बंदा सिंह की स्पष्ट रूप से निंदा भी की है। हालाँकि उन्होंने 'वाहे गुरु जी की खालसा', 'वाहे गुरु जी की फ़तह' के साथ फ़तेह दर्शन (आस्था की विजय) को स्थान दिया, लेकिन खालसा द्वारा इस पर अस्वीकृति के बाद उन्होंने कभी भी फतेह दर्शन के बारे में अपनी धारणा पर जोर नहीं दिया। नारे को वापस ले लेने के बाद भी कई सिख उनसे अलग हो गये। एक सिख के

रूप में अपने निजी आचरण में वह सिख धर्म के एक सच्चे अनुयायी रहे और गुरुओं में उनका विश्वास अपने शहीद होने तक भी अडिग रहा।

वास्तुकला का विवरण: एक अवलोकन

महरौली में ख़्वाजा कुतुब-उद-दीन बख़्तियार काकी दरगाह (कुतुब मीनार के पास) के निकट स्थित गुरुद्वारा बंदा सिंह बहादुर गुरुद्वारे का निर्माण बंदा सिंह बहादुर की शहादत की याद में स्वर्गीय बाबा हरबंस द्वारा सन् 1991-92 में कराया गया था। ग्रंथी सरदार रणबीर सिंह के अनुसार बाबा बंदा सिंह बहादुर की शहादत वाली जगह का पता सन् 1980 में एक सिख विद्वान् सरदार अवतार सिंह ने लगाया था। अवतार सिंह ने तत्कालीन मुग़ल सम्राट द्वारा बाबा बंदा सिंह बहादुर के मृत्युदंड के लिए ज़ारी किये गये मूल दस्तावेज़ और फ़रमान (शाही आदेश) दिखाने के लिए जामा मस्जिद के इमाम से संपर्क किया था। सरदार अवतार सिंह जामा मस्जिद, दिल्ली में उपलब्ध दस्तावेज़ों की सावधानीपूर्वक जाँच करके बंदा बहादुर की शहादत के स्थान का सटीक पता लगा पाए थे। यह जगह महरौली में ख़्वाजा कुतुब-उद-दीन बख़्तियार काकी दरगाह के निकट पुराने बड़े दरवाजे के समीप थी। काफ़ी अनुनय और पर्याप्त स्थानीय मुआवज़े का भुगतान करने के बाद वहाँ रहने वाले लोगों ने बंदा सिंह की शहादत की जगह के रूप में पहचान किये गये क्षेत्र को खाली कर दिया। भारी पत्थर की दीवारें जिन पर पुराने लकड़ी के दरवाजे के दो हिस्सों को स्थापित किया गया था, वह अभी भी हैं।

शहादत स्थल को अब गुरुद्वारा के हॉल ही में निर्मित भवन के पीछे वाले हिस्से के साथ एक अलग स्मारक संरचना में तब्दील कर दिया गया है। दर्शनार्थियों के लिए इस जगह का एक अलग प्रवेश द्वार है। पूर्व में स्थित गुरुद्वारे की मुख्य इमारत किसी विशेष वास्तुशिल्प प्रतिभा को प्रदर्शित नहीं करती है, सिवाय इसके कि यह पूरी इमारत सफेद संगमरमर से बनी है। इमारत आकार में तुलनात्मक रूप से छोटी है। इसके शीर्ष में केवल एक बड़े आकार का गुम्बद है। प्रकाश स्थान भी आकार में छोटा है। इसे कुछ तलवारों से सजाया गया है, जो बंदा सिंह बहादुर की निर्विवाद वीरता और बहादुरी का साक्ष्य हैं। भूमि तल पर स्थित हॉल का उपयोग विशेष अवसरों पर आयोजित की गयीं विशेष संगत या गुरु-के-लंगर के लिए होता है।

दैनिक कार्यक्रम

गुरुद्वारा बाबा बंदा सिंह बहादुर में नीचे वर्णित अनुक्रम में दैनिक कार्यक्रम किये जाते हैं:

1. प्रकाश और हुकमनामा : प्रातः 2:20 से 2:30 बजे तक
2. पाठ सुखमणि साहिब : प्रातः 2:30 से 3:45 बजे तक
3. नित नेम प्रात : 3:45 से 4:45 बजे तक
4. कीर्तन आसा-दी-वार : प्रात 5:00 से 7:30 बजे तक
5. कीर्तन : 8:45 बजे से दोपहर 2:30 बजे तक
6. सोदार और रहरस साहिब : सायं 6:45 से 7:15 बजे तक
7. सोहिला और सुखासन : रात्रि 10:00 से 10:15 बजे तक

इन दैनिक कार्यक्रमों में भाग लेने वाले दर्शनार्थियों और भक्तों की संख्या अपेक्षाकृत कम है, क्योंकि महरौली की एक घनी आबादी वाली गली में स्थित होने के कारण यातायात के समुचित साधन उपलब्ध नहीं हैं।

गुरुद्वारा गुरु-का-लंगर की व्यवस्था नहीं करता है, क्योंकि दिल्ली सिख गुरुद्वारा प्रबंधन समिति ने अभी तक हर महीने के आख़िरी शनिवार को छोड़कर इस सेवा के लिए नियमित वित्तीय स्वीकृति नहीं दी है।

गुरुद्वारे में हफ़्ते में दो दिन, बुधवार और रविवार को सुबह 8 बजे से कीर्तन गायन की व्यवस्था की जाती है। हर महीने के आख़िरी शनिवार को गुरुद्वारा सुबह 7 बजे से 10 बजे तक कीर्तन दरबार की व्यवस्था करता है। इस कार्यक्रम में दिल्ली के विभिन्न क्षेत्रों के लगभग 300-400 भक्त और श्रद्धालु भाग लेते हैं। महीने में केवल एक बार आयोजित उत्तम श्रेणी के संगीतकारों (रागियों) के साथ कीर्तन दरबार को गुरुद्वारे की महत्त्वपूर्ण गतिविधियों में से एक माना जाता है। गुरुद्वारे में हर रविवार को संगत का आयोजन भी होता है जिसमें लगभग 30 भक्तों की एक सभा होती है।

सामाजिक-सांस्कृतिक गतिविधियाँ

गुरुद्वारे का मुख्य सांस्कृतिक आयोजन बंदा सिंह बहादुर के शहीद दिवस के अवसर पर जून के महीने में होने वाला एक वार्षिक उत्सव है। यह दिन लोकप्रिय रूप से शहीदी दिवस के नाम से प्रसिद्ध है और इसे बड़े स्तर पर मनाया जाता है। गुरुद्वारा परिसर में पूरे दिन का कार्यक्रम आयोजित किया जाता है जिसमें बंदा सिंह बहादुर को श्रद्धांजलि देने के लिए कई भक्त और आगन्तुक एकत्रित होते हैं।

दिल्ली के सभी ऐतिहासिक गुरुद्वारों में से गुरुद्वारा बाबा बंदा सिंह बहादुर अधिक प्रसिद्ध नहीं होने के निम्नलिखित कारण हैं:

यह एक ऐतिहासिक स्थल है लेकिन ऐतिहासिक तीर्थस्थल नहीं है जिसे किसी गुरु ने अपने पवित्र चरणों से पावन किया हो।

बंदा सिंह बहादुर की शहादत की जगह की पहचान कुछ समय पूर्व ही की गयी है और लोगों को उनकी उपलब्धियों के बारे में अधिक जानकारी नहीं है।

यहाँ दर्शकों को आकर्षित करने के लिए कोई नियमित प्रचार कार्यक्रम या अन्य कोई माध्यम नहीं है, विशेष रूप से पास ही में स्थित ऐतिहासिक स्मारक कुतुब मीनार या ख़्वाजा कुतुब-उद-दीन बख़्तियार काकी दरगाह पर आने वाले पर्यटक तथा दर्शकों के लिए।

यहाँ दैनिक गुरु-का-लंगर सेवा नहीं है और साथ ही वाहन चालकों की गुरुद्वारे तक पहुँच सुगम नहीं है।

बंदा सिंह बहादुर के शहीद स्थल पर जाते समय यह भावना रखनी चाहिए कि बंदा बहादुर वो व्यक्ति थे जिसे स्वयं गुरु गोबिंद सिंह ने मुग़ल शासकों द्वारा किये गये अत्याचार का बदला लेने के लिए चुना था। गुरु गोबिंद सिंह अपने अनुयायियों का ध्यान हल से हटाकर तलवार तक लाये थे। उन्होंने बीज बोया और बंदा बहादुर ने फसल काटी। गुरु के कई सिद्धांत थे और बंदा बहादुर ने उन पर अमल किया। गुरु ने जनता के मन से मुग़लों के भय को नष्ट कर दिया था। बंदा सिंह बहादुर ने मुग़लों के अजेय होने के मिथक को ही पूरी तरह से तोड़ दिया।

गुरुओं के युग के बाद दिल्ली और सिख

दिल्ली शुरू से ही राजनीतिक गतिविधियों का केंद्र रहा है, लेकिन पृथ्वीराज चौहान की राजधानी बनने के बाद बारहवीं शताब्दी में इसे प्रसिद्धि मिली। सल्तनत काल में दिल्ली ने गौरवशाली दिनों का आनंद उठाया। लेकिन चौदहवीं शताब्दी के उत्तरार्ध में अंतिम सुल्तान अपनी राजधानी को दिल्ली से आगरा ले गये।

1526 ईस्वी में पहले मुग़ल सम्राट बाबर ने दिल्ली को फ़िर से अपने साम्राज्य की राजधानी के रूप में स्थापित किया। जब मुग़ल सम्राट अकबर और जहाँगीर ने अपने मुख्यालय दिल्ली से फ़तेहपुर सीकरी और आगरा में स्थानांतरित किये तो इस शहर का महत्त्व एक बार फ़िर कम हो गया। लेकिन जब शाहजहाँ ने दिल्ली को पुनः अपने साम्राज्य का मुख्यालय बनाया तो इस शहर को फ़िर से राजधानी बनने का गौरव प्राप्त हुआ और तब से ही दिल्ली भारत सरकार की राजधानी के रूप में स्थापित है। सुल्तानों, मुग़लों, मराठों, जाटों, राजपूतों और सभी रजवाड़ों ने दिल्ली पर अधिकार करने की कोशिश की। कुछ कारणों से सिख भी दिल्ली पर कब्जा चाहते थे।

बन्दा सिंह बहादुर को मृत्युदंड मिलने के बाद भी सिखों के कष्टों का अंत नहीं हुआ। पंजाब के मुग़ल राज्यपालों द्वारा उन पर अत्याचार किये गये। अंततः अहमद-शाह अब्दाली के अफ़गान आक्रमणों से पंजाब की राजनीति में एक और जटिल कारक जुड़ गया। इसे भारत पर आक्रमण करने के लिए पंजाब के तत्कालीन मुग़ल राज्यपाल शाहनवाज ख़ान ने आमंत्रित किया था।

जनवरी 1748 ईस्वी में अहमदशाह अब्दाली ने भारत पर पहला आक्रमण किया। मुग़ल उत्पीड़न और अफ़गान आक्रमणों के इस दोहरे संकट से निपटने के लिए सिखों ने छोटे सैन्य दलों के रूप में अपनी संख्या को बढ़ाया। कुल मिलाकर लगभग इन 65

दलों ने संकट के समय नवाब कपूर सिंह और जस्सा सिंह आहलूवालिया जैसे नेताओं के नेतृत्व में अपने संसाधनों को इकट्ठा किया। इन सैन्य दलों की सामूहिक शक्ति को 'दल खालसा' (सिख संघ) कहा जाता था।

सिख संघ को पूरी तरह से 1748 में संगठित किया गया था। बाद में इन्हें कई बड़ी इकाइयों में सम्मिलित किया गया। मिस्ल के नाम से जानी जाने वाली इन बारह इकाइयों के नाम हैं - सिंगपुरिया या फ़ैजलपुरिया मिस्ल (संस्थापकः नवाब कपूर सिंह), आहलुवालिया मिस्ल (संस्थापकः जस्सा सिंह अहलुवालिया), भंगी मिस्ल (संस्थापकः हरि सिंह), रामगढ़िया मिस्ल (संस्थापकः जस्सा सिंह रामगढ़िया), कन्हैया मिस्ल (संस्थापकः जय सिंह), सुकुरचकिया मिस्ल (संस्थापकः चरत सिंह), फुलकियाँ मिस्ल (संस्थापकः आला सिंह), दल्लेवालिया मिस्ल (संस्थापकः गुलाब सिंह), निशानवालिया मिस्ल (संस्थापकः संगत सिंह और मोहर सिंह), करोरसिंधिया मिस्ल (संस्थापकः भगत सिंह), शहीदी मिस्ल (संस्थापकः बाबा दीप सिंह) और नकवी मिस्ल (संस्थापकः हीरा सिंह)।

ये मिस्ल अपने-अपने लिए स्वतंत्र राज्य बनाना चाहते थे। मिस्लदार छोटे-छोटे संप्रभुओं की तरह लगते थे। हालाँकि वे एक-दूसरे के खिलाफ़ लड़ते थे, लेकिन अक्सर मुग़ल राज्यपालों के उत्पीड़न और अफ़गान आक्रमणों का सामना करने के लिए एकजुट हो जाते थे। मिस्लदारों की आय का मुख्य स्रोत थेः ज़मीन के राजस्व, राखी (ग्रामीणों द्वारा पैदा की वस्तुओं का एक तिहाई), लूटमार, पुरस्कार (छोटे मुखियाओं द्वारा दिया गया), आयात और निर्यात शुल्क, और न्यायिक कार्यवाही (चोरी की संपत्ति बरामद होने पर नज़राना, पार्टी द्वारा मुकदमा हार जाने पर जुर्माना, और लम्बे समय तक मुकदमा चलने पर तैखाना)।

समय के साथ साथ पंजाब में जस्सा सिंह आहलुवालिया के नेतृत्व में सिख मिस्ल बहुत शक्तिशाली हो गये थे। उन्होंने ताकत वापस हासिल करके अफ़गानिस्तान के गवर्नर की हत्या करने के बाद लाहौर पर कब्जा कर लिया। 1767 ईस्वी में अहमद-शाह अब्दाली ने आख़िरी बार भारत पर आक्रमण किया। वह सिखों को कुचलने में पूरी तरह से नाकामयाब़ रहा।

अहमदशाह अब्दाली के भारत छोड़ने के बाद सिख मिस्ल ने बिखरते हुए मुग़ल साम्राज्य की राजधानी दिल्ली पर आक्रमण करने की योजना बनाई। तत्कालीन मुग़ल

सम्राट शाह आलम द्वितीय अंग्रेज़ों, अपने मंत्रियों और मराठों के हाथों की केवल एक कठपुतली था। प्रांतीय प्रशासन अपना काम निकालने की कोशिश में लगे थे। मुग़ल साम्राज्य राजनैतिक और सैन्य रूप से देश के बचाव के लिए काफ़ी कमज़ोर हो गया था।

सिखों ने दिल्ली पर हमला न केवल पंजाब के अत्याचारी मुग़ल राज्यपालों के हाथों किये गये जुल्म का बदला लेने के कारण किया, बल्कि इसका राजनैतिक कारण भी था। वे दिल्ली को उनके खिलाफ़ आक्रमण करने की तैयारी करने का अवसर नहीं देना चाहते थे।

"सिखों ने दिल्ली और इसके उपनगरों में अप्रैल 1766 से लेकर मार्च 1788 के बीच चौदह बार धावा बोला"।(70)

उनके द्वारा किये आक्रमणों के समय सिख क्रांतिकारियों के पास लाल किले में सिख झंडा फहराने के कई अवसर थे, लेकिन उनमें से किसी ने भी उस रास्ते को नहीं चुना। करोरसिंधिया मिस्ल के सबसे साहसी और निडर मिस्ल प्रमुख सरदार बघेल सिंह ने मुग़ल राजधानी दिल्ली में प्रवेश किया और यहाँ मजनू-का-टीला और तीस हजारी में अपनी सशक्त सेना के साथ लम्बे समय तक रहे। लेकिन उन्होंने लाल किले से सिख साम्राज्य के गठन की घोषणा करने का कभी लाभ नहीं उठाया। वह राजधानी में विभिन्न स्थानों पर गुरुद्वारों के निर्माण में अधिक रुचि रखते थे।

इसी तरह जस्सा सिंह आहलुवालिया, जस्सा सिंह रामगढ़िया और करन सिंह जैसे अन्य सिख मिस्ल प्रमुखों के बारे में भी यही कहा जा सकता है, जिन्होंने यमुना को कई बार पार किया था। उन्हें हिन्दुस्तान का शासक बनने का मौका दिया गया था, किन्तु उन्होंने इस अवसर का लाभ नहीं उठाया। दिल्ली पर अधिकार करने की अपेक्षा वे दोआब चले गये और गंगा को कई बार पार किया। दिल्ली पर उनकी घुसपैठ के दौरान मिस्ल प्रमुख एक संयुक्त मोर्चे के लिए योजना नहीं बना सके। इसके अतिरिक्त वे अक्सर एक-दूसरे के खिलाफ़ लड़ते रहते थे और आक्रमण के दौरान उनका मुख्य उद्देश्य राजधानी दिल्ली सहित मुग़ल क्षेत्रों को लूट कर माल इकट्ठा करना था।

सिखों के साम्राज्य बनाने की विफलता का सटीक कारण हमें ज्ञात नहीं है। निस्संदेह वे सक्षम सैनिक थे, लेकिन इस तरह के महान कदम उठाने के लिए अपने संकुचित दृष्टिकोण के कारण किसी सकारात्मक परिणाम तक नहीं पहुँच पाये। सिख मिस्ल के

सरदार बघेल सिंह, सरदार जस्सा सिंह आहलूवालिया और सरदार जस्सा सिंह रामगढ़िया के नेतृत्व में मुगल सेना को हराकर और दिल्ली के लाल किले पर खालसा ध्वज फ़हराकर दिल्ली पर कब्जे को दर्शाती एक चित्रकला।

समुचित अध्ययन से यह पता चलता है कि मिस्ल का संगठन धर्मतंत्र, लोकतंत्र और निरंकुशवाद का मिश्रण है। सिख सैनिक और 'सरदार', सभी अपने गुरु के लिए लड़े थे।

वे दिवाली और बैसाखी जैसे अवसरों पर अमृतसर में इकट्ठे होते थे और राजनैतिक समस्याओं तथा सिख समुदाय के लिए आम योजना पर चर्चा किया करते थे।

इन बैठकों को सरबत खालसा (पूरे सिखों की बैठक) कहा जाता था। गुरु ग्रन्थ साहिब की उपस्थिति में संकल्प पारित कर दिए गये थे और इन प्रस्तावों को गुरुमत

एक किले के सामने योद्धा के रूप में बैठे बंदा सिंह बहादुर को दर्शाती सरदार अमरीक सिंह पानेसर द्वारा बनाई हुई एक काल्पनिक पेंटिंग।

अर्थात् गुरु की सलाह कहा जाता था। प्रायः इन अवसरों पर ही मिस्लदार अपने अनुयायियों की उपस्थिति में निर्णय लिया करते थे।

मिस्ल का स्वरूप लोकतांत्रिक था, क्योंकि इसके प्रत्येक सैनिक या सदस्य ने सामाजिक और राजनैतिक समानता का अनुभव किया था। लेकिन मिस्ल समूह की जाँच के लिए कोई नियमित मापदंड नहीं था, यह वास्तव में निरंकुश था। इसके अतिरिक्त उनकी सेना में कोई नियमित अनुशासन नहीं था। हालाँकि सिखों ने सशस्त्र समूहों (मिस्ल) में खुद को संगठित किया, किंतु वे एक-दूसरे के विरुद्ध लड़ते भी थे। अधीनस्थ सिख अपने प्रमुखों के सैन्य या वित्तीय दायित्वों के ऋणी नहीं थे। वे आसानी से अपनी सेवाओं को एक प्रमुख से दूसरे प्रमुख पर स्थानांतरित कर सकते थे।

मिस्ल एक तरह का सामंती संगठन था जो एक महान शासक या कमांडर-इन-चीफ़ के बिना विभिन्न मिस्ल समूहों से बना था किन्तु मिस्ल चीफ़ देश में एक साम्राज्य स्थापित करने के लिए एकजुट प्रयास नहीं कर सके। सिख मिस्लों का मुख्य उद्देश्य तत्कालीन मुग़ल और अफ़गान शासकों की सिखों के उत्पीड़न की नीतियों के खिलाफ़ लड़ना था।

दिल्ली के सिख आक्रमण का मुख्य परिणाम अठारहवीं शताब्दी के अन्तिम वर्षों तक देश की राजनैतिक अवस्था में बदलाव के रूप में रहा है।

यह समय महाराजा रणजीत सिंह के अपने क्षेत्र का विस्तार करने के लिए अनुकूल था। रणजीत सिंह सुकुरचाकिया मिस्ल के महान सिंह के बेटे तथा चरत सिंह के पोते थे। इस मिस्ल के अंतर्गत अमिनाबाद, सियालकोट और गुजरांवाला के क्षेत्र शामिल थे। 1792 में अपने पिता की मृत्यु के बाद रणजीत सिंह 12 वर्ष की आयु में शासक बन गये।

समय के साथ वह इतने शक्तिशाली हो गये कि उन्होंने युद्धरत सिख राज्यों को सफलतापूर्वक प्रभावित करके एक अद्‍भुत सुगठित राष्ट्रीय राजतन्त्र में बदल दिया। उसने अपने सैन्य कार्यवाही की शुरुआत उन सिख मिस्लों को जीतकर की जो अपने आंतरिक मतभेद के कारण कमज़ोर हो गये थे।

बिखरते हुए मुग़ल और अफ़गान साम्राज्य के शासक अपने प्रदेशों पर होने वाले किसी भी प्रकार के आक्रमण का सामने करने के लिए काफ़ी कमजोर हो गये थे। इस

स्थिति का पूरा फ़ायदा उठाते हुए रणजीत सिंह ने भंगी सरदारों से लाहौर और अमृतसर को अपने कब्जे में ले लिया और 1811 ईस्वी तक दल्लेवालिया मिस्ल, करोरसिंधिया मिस्ल और फैज़लपुरिया मिस्ल को भी अपनी मिस्ल में सम्मिलित कर लिया । वर्ष 1834 तक रणजीत सिंह ने मुल्तान, कांगड़ा, कश्मीर, लद्दाख, पेशावर और डेरा ग़ाजी ख़ान पर भी आधिपत्य कायम कर लिया था।

उसने मुस्लिम प्रमुखों के साथ-साथ हिन्दू राजाओं के प्रदेशों पर विजय प्राप्त कर ली। अंततः महाराजा रणजीत सिंह ने अपने ही राज्य का निर्माण किया और पंजाब में एक कमजोर मिस्ल के स्थान पर सिख सैन्य राजशाही को संगठित किया।

दिल्ली में सिख आक्रमणों को छोड़कर अठारहवीं शताब्दी सिख धर्म के विकास में काफ़ी महत्त्वपूर्ण साबित हुई। सिखों ने अपने दावों, अपनी पहचान, अपनी मान्यता और अपनी संप्रभुता के संघर्ष में काफ़ी सफलता प्राप्त की। वे विभिन्न चुनौतियों से निपटने के लिए मिस्लदारी, दल खालसा, राखी और गुरुमत जैसी नई रणनीतियों और नए संस्थानों का विकास कर सकते थे। "उन्होंने सिख नायकों और सिख शहीदों के सिद्धांत और परम्पराओं को भी विकसित किया। इसके अतिरिक्त उन्होंने पंथ गुरु के विचार को सिख मानस का एक अभिन्न अंग बनाने के लिए भी कड़ी मेहनत की" ।(71)

1800 ईस्वी और उसके बाद दिल्ली का इतिहास क्राउन के शासन के प्रसार, ईस्ट इंडिया कंपनी से क्राउन को सत्ता का हस्तांतरण और भारतीय विद्रोह की अवधि (1857 ईस्वी) के लिए उल्लेखनीय है। इस समय तक अंग्रेज़ों ने अधिकांश भारतीय राज्यों पर कब्जा कर लिया था।

पंजाब के पतन से पहले ब्रिटिश शासकों द्वारा मराठों, मुग़लों और राजपूतों को अपमानित किया गया था। पंजाब पर विजय ने उन्हें पूरे भारत में सर्वोच्च शक्ति प्रदान कर दी थी। दिल्ली 1803 ईस्वी में उनके अधिकार में आई। सितंबर 1857 ईस्वी में ब्रिगेडियर हडसन ने बहादुरशाह द्वितीय, बेगम ज़ीनत महल, उनके तीन बेटों और एक पोते को बंदी बना लिया। तीनों राजकुमारों को नग्न

किया गया और फिर ब्रिगेडियर हडसन द्वारा उन्हें गोली मार दी गयी।

दिल्ली के सिखों के साथ ब्रिटिश शासकों के संबंध सौहार्द्रपूर्ण थे। 1857 ईस्वी के भारतीय विद्रोह का एक महत्त्वपूर्ण परिणाम यह था कि सशस्त्र बलों की सेवाओं में

पंजाबियों की भर्ती बड़े स्तर पर की गयी थी, विशेष रूप से सिखों की। "ब्रिटिश सरकार ने पहले ही तय कर दिया था कि सिख समुदाय में कोई भी हस्तक्षेप नहीं किया जायेगा, और सिखों को उनके धर्म के पालन के रूप में दाढ़ी रखने और पगड़ी पहनने की अनुमति रहेगी । ब्रिटिश अधिकारी मार्शल के पद की दौड़ में सिखों और गोरखाओं को वरीयता देते थे"। ऐसा प्रतीत होता है कि ब्रिटिश शासन के तहत सिखों को बेहतर सामाजिक दर्जा मिला था।

पंजाब में सिख शासन के अंत और देश में ब्रिटिश शासन के आगमन के बाद, सिख तीर्थों के प्रबंधन और रख-रखाव को 1863 ईस्वी के धार्मिक बंदोबस्ती अधिनियम के अंतर्गत महंतों के हाथों में दे दिया गया। महंतों द्वारा सिख प्रार्थना और अन्य सेवाओं के सरल रूपों को जटिल और असाधारण समारोहों में बदल दिया गया। महंत सभी प्रकार के विवादों में शामिल होते थे। कभी-कभी गुरुद्वारों के परिसर में भी गंभीर अपराध किये जाते थे। इसलिए सिखों ने अपने स्थानों की पूजा को महंतों के चंगुल से मुक्त करने के लिए एक सख़्त अभियान की शुरुआत की। इसके परिणामस्वरूप वे तत्कालीन ब्रिटिश सरकार के साथ सीधे टकराव में आ गये और पांच साल तक सिखों को महंतों और ब्रिटिश सरकार के अत्याचार और यातनाओं को सहना पड़ा।

20 फ़रवरी, 1921 को लगभग 150 भक्तों का एक समूह बंदगी के लिए ननकाना साहिब गुरुद्वारे (शेख़ुपुरा जिला - लाहौर, पकिस्तान से 75 किलोमीटर पश्चिम-दक्षिण-पश्चिम में) में आया। उन्हें न सिर्फ़ उस पवित्र तीर्थस्थल में जाने से रोका गया, बल्कि महंत नारायण दास की सेना ने हथियार और गोला-बारूद से उन पर हमला भी किया। हमला अचानक किया गया था और गोलियाँ चारों तरफ से चल रहीं थी। भाई लछमन दास किसी तरह गुरुद्वारे में प्रवेश कर गये थे और *गुरु ग्रन्थ साहिब* पढ़ रहे थे, उन पर भी गोली चलाई गयी। उनके होठों से गुरबाणी निकल रही थी और उनकी मौत हो गयी। पवित्र पुस्तक पर ख़ून के दाग लगने से क्षति पहुँची। मुख्य द्वार के बाहर महंत हाथ में पिस्तौल लिए इस पूरे ऑपरेशन को चला रहा था। भाई दलीप सिंह महंत को जानते थे। उन्होंने आगे आकर उससे इस नरसंहार को रोकने का अनुरोध किया। महंत ने उनकी बात को अनसुना कर दिया और उन्हें भी गोली से मार दिया गया। पास में खड़े छः अन्य सिखों को भी महंत के आदमियों द्वारा मारकर कुम्हार के भट्टे में फेंक दिया गया और

खुली आग में जला दिया गया। कुछ दूसरे भक्तों को पेड़ से बांधकर जिंदा जला दिया गया। ननकाना साहिब गुरुद्वारा में हुई ये घटना मानव जाति के इतिहास में बर्बरता का एक उदाहरण है।

इस भयानक नरसंहार की खबर से पूरा देश हिल गया। इस घटना से देश में सिखों के प्रति सहानुभूति की लहर फैल गई। महंत और उसके गुर्गों के खिलाफ़ कठोर कार्रवाई की मांग की गयी। इस प्रकरण को सरकार तक भी पहुँचाया गया।

पंजाब के राज्यपाल ने घटनास्थल का दौरा किया और वहाँ के दृश्य को देखकर उन्हें गहरा सदमा लगा। महात्मा गांधी ने भी कुछ दिनों बाद इस जगह का दौरा किया। सरकार को पापी महंत के खिलाफ़ कार्रवाई करने के लिए बाध्य किया गया। महंत और उसके आदमियों को गिरफ़्तार कर लिया गया। इसके बाद सरकार ने गुरुद्वारे का प्रबंधन सात सिखों की एक समिति को सौंप दिया।

लेकिन मामला यहाँ ही ख़त्म नहीं हुआ। अपने पवित्र स्थानों को अपवित्र करने और असंतोष फैलाने की घटनाओं से सिखों को बेहद आघात पहुँचा था। वे अपने भाइयों की क्रूर और निर्मम तरीके से की गयी हत्याओं को नहीं भूल सकते थे। अपनी पवित्र पुस्तक *गुरु ग्रन्थ साहिब* को क्षतिग्रस्त अवस्था में देख कर उन्हें बहुत दुःख हुआ।

23 फ़रवरी को सिख भक्तों के मृत शरीरों का विधिवत अंतिम संस्कार किया गया। इस अवसर पर सिखों ने शांति बनाये रखी। एक लम्बे संघर्ष और कई मोर्चों के बाद अंततः सरकार ने गुरुद्वारों का प्रबंधन सिखों को सौंप दिया।

सिख गुरुद्वारा अधिनियम 25 जुलाई, 1925 को पारित किया गया था और गुरुद्वारे से संबंधित मामलों को शिरोमणि गुरुद्वारा प्रबंधक कमेटी को सौंप दिया गया।

शिरोमणि गुरुद्वारा प्रबंधक कमेटी ने एक छोटी समिति बनाई जिसमें सरदार दान सिंह वछोया अध्यक्ष, सरदार गुरदित सिंह सचिव और सरदार हरबंस सिंह सिस्तानी शामिल थे। इस समिति का उद्देश्य महंतों के साथ बातचीत करना और "दिल्ली के ऐतिहासिक गुरुद्वारों" का प्रबंधन करना था।

सिख गुरुद्वारा अधिनियम ने शिरोमणि गुरुद्वारा प्रबंधक कमेटी को एक संवैधानिक दर्जा दिया था और इसे सभी अधिसूचनाओं के माध्यम से संबंधित गुरुद्वारों के प्रबंधन

को सौंपा था, इसलिए शिरोमणि गुरुद्वारा प्रबंधक कमेटी ने "दिल्ली के ऐतिहासिक गुरुद्वारों" के सभी महंतों से इन गुरुद्वारों के प्रबंधन को शिरोमणि गुरुद्वारा प्रबंधक समिति को सौंपने के लिए कहा।

गुरुद्वारा सीस गंज साहिब के महंत हरी सिंह ने 19 दिसम्बर, 1922 को सबसे पहले गुरुद्वारे और इसकी संपत्ति को कमेटी को सौंप दिया था। मजनू टीला साहिब और नानक प्याऊ के महंतों को छोड़कर सबने हरि सिंह का अनुसरण किया। शिरोमणि गुरुद्वारा प्रबन्धक समिति द्वारा दिल्ली के गुरुद्वारों के लिए स्थानीय प्रबंध समिति के सदस्यों के नामांकन की प्रक्रिया सन् 1937 तक चली। इसके बाद शिरोमणि गुरुद्वारा प्रबंधक समिति द्वारा स्थानीय प्रबंधन समिति के नामांकन की व्यवस्था दिल्ली के सिख संगत (धार्मिक संगठन) के परामर्श से ही संचालित होती थी। सन् 1945 में सोसाइटी पंजीकरण अधिनियम के तहत दिल्ली में एक अलग "गुरुद्वारा समिति दिल्ली" पंजीकृत की गयी। इस समिति ने संसद द्वारा पारित दिल्ली सिख गुरुद्वारा अधिनियम, 1971 की धारा 3 के तहत स्थापित सिख गुरुद्वारा प्रबंधन समिति की जगह ले ली।

गुरुद्वारा गुरु का घर है, जहाँ गुरु रहते हैं और इसके दरवाज़े चार अलग-अलग दिशाओं में खुलते हैं। ये जाति, वर्ग, या पंथ में बिना कोई भेदभाव किये सभी लोगों के स्वागत के लिए खुले हैं। यह किसी विशेष देवता को समर्पित नहीं है, इसलिए गुरुद्वारे में किसी मूर्ति या छवि को स्थापित नहीं किया जाता। दर्शनार्थियों के लिए गुरुद्वारे एक धर्मनिरपेक्ष स्थान उपलब्ध कराते हैं। गुरु ग्रन्थ साहिब केवल सिखों का ही पवित्र शास्त्र नहीं है। यह मानव जाति के एक सार्वभौमिक पवित्र शास्त्र की तरह है, क्योंकि इसकी भावना अत्यधिक गहन है और इसमें कुछ भी साम्प्रदायिक नहीं है।

इसमें सिख गुरुओं के साथ-साथ हिन्दू, मुस्लिम और तथाकथित अछूत संत-महात्माओं के भजन भी हैं जो सिख धर्म के मूल सिद्धांतों के अनुरूप हैं। इसे बोलचाल की पंजाबी भाषा की गुरमुखी लिपि में लिखा गया है।

अपने धर्म, सामाजिक-सांस्कृतिक विरासत और दूसरों के हक़ में खड़े होने के लिए सिखों द्वारा सहे गये महान कष्टों और सर्वोच्च बलिदानों की हम सभी सराहना करते हैं। इस दुनिया को यहाँ रहने वाले लोगों के लिए एक बेहतर स्थान बनाने के लिए हमें गुरु गोबिंद सिंह का यह अमर भजन हमेशा ध्यान में रखना चाहिए :

प्रेम करना सीखें, दयालु बनें, और क्षमा करें
सौम्य बनें, धैर्य रखें,
कोई वासना नहीं, कोई क्रोध नहीं,
न कोई लालच, और न ही कोई हठ रखें।

गुरु ग्रन्थ साहिब का प्रकाश उत्सव

दिल्ली में 1 सितम्बर, 2004 को सभी गुरुद्वारों ने *गुरु ग्रन्थ साहिब* के प्रकाश उत्सव की 400वीं वर्षगाँठ मनायी। प्रकाश उत्सव का संबंध बहुत शुभ दिन से है। इस दिन अमृतसर के स्वर्ण मंदिर में हरिमंदिर साहिब में *गुरु ग्रन्थ साहिब* (जिसे पोथी साहिब भी कहा जाता है) की पहली स्थापना हुई थी और गुरु नानक के समय के एक वृद्ध बाबा को प्रथम ग्रंथी, यानी पवित्र शास्त्र के पाठक के रूप में नामित किया गया था। *गुरु ग्रन्थ साहिब* का पहला स्थापना समारोह 16 अगस्त, 1604 ईस्वी को हुआ था।

दसवें गुरु गोबिंद सिंह ने अपनी मृत्यु से पहले एक महत्त्वपूर्ण निर्णय लिया कि उनके बाद किसी भी इंसान को गुरु नहीं बनाया जाएगा। उन्होंने यह आदेश दिया कि *ग्रन्थ साहिब* एक पवित्र पुस्तक जिसमें पिछले गुरुओं के ज्ञान और भक्तों के भजन शामिल हैं, को ही गुरु के रूप में सम्मान दिया जाएगा। *गुरु ग्रन्थ साहिब* ही अब श्रद्धालुओं के मित्र, दार्शनिक और मार्गदर्शक हैं। उन्होंने *गुरु ग्रन्थ साहिब* को सिख धर्म से संबंधित सभी मामलों पर अंतिम अधिकार के रूप में घोषित किया।

इसलिए सिख धर्म एकमात्र ऐसा धर्म बन गया जिसमें एक पुस्तक सजीव गुरु के रूप में प्रतिष्ठित है। ग्रन्थ में एक अनंत इकाई या अकाल पूरक, एक सर्वोच्च आत्मा या परमात्मा के गुणों के मूल मन्त्रों को अपने गुणों में समाहित करने के विभिन्न तरीके बताये गये हैं। यह पवित्र ग्रन्थ भरोसा दिलाती है कि सभी उसके बच्चे हैं। कोई भी जन्म से पापी नहीं होता है। कोई भी जो उस ईश्वर को प्यार करता है, वह वर्तमान मानव जीवन में उसे महसूस कर सकता है। उसकी इच्छा प्रबल होगी। स्वर्ग और नरक हमारे आसपास ही हैं। हम अपने कर्मों के द्वारा उन दोनों में से किसी एक को जीते हैं। सभी दिन समान होते हैं, कोई भी विशिष्ट या शुभ दिन नहीं होता है।

पृष्ठ 155ः
गुरु ग्रन्थ साहिब में विभिन्न जातियों और धर्मों से संबंधित निम्नलिखित सहकर्मी, सूफ़ी और भगतों के आध्यात्मिक विचार शामिल हैं।

प्रथम पंक्तिः
भगत सूरदास (ब्राह्मण - अवध), भगत पीपा (ब्राह्मण - गुजरात) और बाबा शेख फरीद (सैय्यद मुस्लिम-पंजाब)।

दूसरी पंक्तिः
भगत साईं (बार्बर-रेवा), भगत नामदेव (कैलिको प्रिंटर-महाराष्ट्र), और भगत धन्ना (जाट-राजस्थान)।

तीसरी पंक्तिः
भगत साधना (वध-कराची, सिंध), भगत परमानन्द (ब्राह्मण-महाराष्ट्र), और भगत भीखन शाह (मुस्लिम-उ.प्र)।

चौथी पंक्तिः
भगत रविदास (टान्नर-कॉबलर-उ.प्र), भगत कबीर (वीवर-उ.प्र), और भगत बेनी (ब्राह्मण-बिहार)।

पांचवीं पंक्तिः
भगत रामानंद अपने अनुयायियों सहित (ब्राह्मण-महाराष्ट्र), भगत जय देव (ब्राह्मण-बंगाल) और भगत त्रिलोचन (ब्राह्मण-महाराष्ट्र)।

गुरु ग्रन्थ साहिब में केवल छः सिख गुरुओं की रचनाओं का एक अनूठा संग्रह ही नहीं, अपितु इसमें 15 भक्ति संतों, 11 अन्य विद्वान् लेखकों और तीन सिखों के अलग-अलग 31 राग भी सम्मिलित हैं। अन्य गुरु अर्थात् गुरु हरगोविंद सिंह, गुरु हर राय, गुरु हरकिशन और गुरु गोविन्द सिंह द्वारा रचित किसी भी भजन या कविता को *गुरु ग्रन्थ साहिब* में शामिल नहीं किया गया। हालाँकि, गुरु तेगबहादुर (9वें गुरु) के 59 भजन और 57 श्लोकों को गुरु ग्रन्थ साहिब में शामिल किया गया था। गुरु नानक देव जी ने अकेले 947 भजनों की रचना की थी, जिन्हें गुरु अर्जन द्वारा *गुरु ग्रन्थ साहिब* में सम्मिलित किया गया था। प्रतिलेखन के लिए गुरमुखी लिपि के साथ संत भाषा में लिखी गयी इस पवित्र पुस्तक को पांचवें गुरु अर्जन ने तैयार किया था। गुरु अर्जन ने सभी वाणियों को साझा किया और व्यवस्थित रूप से उन्हें *गुरु ग्रन्थ साहिब* में संकलित किया। उन्होंने इस पवित्र ग्रन्थ को एक भक्त और लेखक भाई गुरदास को भी सुनाया। उन्होंने इस ग्रन्थ की पहली हस्तलिखित मुख्य प्रतिलिपि तैयार की। इस ग्रन्थ को पोथी साहिब (गुरु ग्रन्थ साहिब का मूल नाम) भी कहा जाता है। इसमें पर्शियन, अरबी, हिंदी, संस्कृत और अन्य भारतीय भाषाओं के शब्दों और वाक्यांशों का उपयोग किया गया है। ईश्वर के भजन और प्रार्थना रूपी इनकी रचनाओं में प्रेम, भक्ति, सत्य, नम्रता, दया, भाईचारे, समानता, दूसरों की सेवा, मन और आत्मा की शुद्धता का सन्देश दिया गया है।

गुरु ग्रन्थ साहिब के सभी संस्करणों को आदरपूर्वक बीर (खण्ड, गुरु ग्रन्थ साहिब की प्रतियाँ) कहा जाता है। आदि ग्रन्थ के विषय में विरोधाभासी विचारधाराएं भी हैं। 1604 में स्वर्ण मंदिर में संस्थापित इस ग्रन्थ के बारे में माना जाता है कि यह छठे गुरु, गुरु हरगोबिन्द के वंशजों के कब्जे में था और इसे 'करतारपुर बीर' कहा जाता है। साथ ही एक 'दमदमा बीर' है जिसे गुरु गोबिंद सिंह ने स्वयं संकलित किया है। *गुरु ग्रन्थ साहिब* का अंतिम संस्करण गुरु गोबिंद सिंह के भक्त और लेखक भाई मणि सिंह द्वारा लिखित है। इसमें नौवें गुरु तेग बहादुर की वाणी भी हैं। 6 अक्टूबर, 1708 को नांदेड़ में इस पवित्र ग्रन्थ को गुरु गोबिंद सिंह ने सभी सिखों से गुरु के रूप में स्वीकार करने का आग्रह किया था।

1430 पृष्ठों में 15,575 पदों के सभी 3,384 भजनों को भारतीय शास्त्रीय संगीत प्रणाली के विभिन्न रागों के अनुरूप व्यवस्थित किया गया है। ऐसा विश्वास है कि

आध्यात्मिक अनुभवों को शब्द-संगीत के संयोजन के माध्यम से सबसे अच्छी तरह से अभिव्यक्त किया जा सकता है। शब्द-कीर्तन से वातावरण पवित्र हो जाता है, जिससे ईश्वर और भक्त के बीच एक सम्बन्ध स्थापित होता है।

पवित्र पुस्तक को मुख्यतः (1) मूल मंत्र (2) जपजी, सोदार, रहरस, सोहिला (3) विभिन्न रागों के कालक्रमानुसार गुरुओं, संतों, भटों और सिखों की बाणी (4) दो शबद-मुंदावणी या अमृत नाम की स्तुति और तेरा कीता या सत गुरु का धन्यवाद और आखिर में, (5) रागमाला के रूप से संगठित किया जाता है।

इस ग्रन्थ में संकलित सभी रचनाओं को गुरबाणी यानी गुरुओं के स्वयं के शब्द के रूप में माना जाता है। आज तक भी कोई सिख समारोह *गुरु ग्रन्थ साहिब* की उपस्थिति के बिना पूर्ण नहीं माना जाता। *गुरु ग्रन्थ साहिब* को एक ऊंचे मंच पर चंदोवे के नीचे एक सुंदर कढ़ाई वाले वस्त्र से ढंककर रखा जाता है। एक ग्रन्थी या एक सेवादार निरन्तर इसकी सेवा में उपस्थित रहता है और उनके हाथ में एक चँवर (संप्रभुता की प्रतीकात्मक झलक) रहता है जिसे वह लगातार इस पवित्र पुस्तक के ऊपर हिलाते-डुलाते रहते हैं।

पर्ल बक के शब्दों में, "यह एक स्रोत पुस्तक है। मनुष्य के अकेलेपन की अभिव्यक्ति, उसकी आकांक्षाएं, उसकी इच्छाएं, उसकी भगवान के सामने याचना और ईश्वर के साथ संवाद करने की उसकी लालसा का ज़रिया है"।

दुनिया का सबसे छोटा *गुरु ग्रन्थ साहिब* एक पूर्ण लघु शास्त्र है जो 2.5 सेंटीमीटर चौड़ा और 2.5 सेंटीमीटर लम्बा है, और सोने में बंधा है। यह जर्मनी में लगभग 100 साल पहले प्रकाशित हुआ था। इस छोटी पुस्तक को, जिसे आसानी से कहीं भी ले जाया जा सकता है, इसे संभवतः सिख भक्तों और तीर्थयात्रियों के साथ-साथ सिख रेजिमेंट के उन सैनिकों के लिए बनाया गया था जो युद्ध के दौरान यहाँ आये थे। (सन्दर्भ कुलबीर कौर और जगमोहन सिंह : टाईम्स ऑफ़ इंडिया, नई दिल्ली, दिनांक 3.10.08 और 13.11.08).

गुरु नानक के जन्मदिन का उत्सव

दिल्ली के अधिकांश गुरुद्वारों में गुरुपर्व मनाये जाते हैं जो विशेष रूप से गुरुओं के जन्मदिन से संबंधित होते हैं। सभी गुरुओं के जन्मदिन को महान उत्साह के साथ मनाया जाता है। लेकिन गुरु नानक का जन्मदिन इतने विशाल स्तर पर मनाया जाता है कि यह पर्व एक राष्ट्रीय त्यौहार का महत्त्व ग्रहण कर लेता है। गुरु नानक का जन्म मानव जाति को अंधकार से प्रकाश में लाने के लिए हुआ था। "उन्होंने त्याग (त्याग या योग)। वेदों की मान्यता और हिन्दुओं की जाति व्यवस्था का खंडन किया। उन्होंने गृहस्थ जीवन (गृहस्थी) पर बल दिया, जो अभिन्न रूप से भौतिकवाद से जुड़ा है" (सन्दर्भः टाईम्स ऑफ़ इंडिया, विशेष पृष्ठ, 9 नवम्बर, 2005)।

गुरु ग्रन्थ साहिब को लेकर जाने वाली बरात को एक छोटे से ट्रक पर आयोजित किया जाता है जिसे तलवारों, फूलों और गुरु नानक की एक तस्वीर से सजाया जाता है।

भाई गुरदास के शब्दों में:

गुरु नानक प्रकट हुए;
लो! धुंध मिट गयी है और प्रकाश दुनिया को रास्ता दिखा रहा है।
जैसे कि सूर्य की किरणें दिखाती हैं।
सितारे गायब हो जाते हैं,
और अन्धकार पर भी प्रकाश छा जाता है।

(संदर्भः एस. एस. ज़ौहर की सिख धर्म पर एक हस्तपुस्तिका, दिल्ली, 2003, पृष्ठ 2-3)।

सामने का पृष्ठः
पांच सशस्त्र गार्ड जो पंज पियारे (शाब्दिक रूप से पांच प्रियजन) का प्रतिनिधित्व करते हैं, और निशान साहिब (सिख झंडा) को हाथ में लेकर सबसे आगे चलते हैं।

गुरु नानक के जन्मदिवस समारोह के अवसर पर, गुरु ग्रन्थ साहिब को हार और फूलों से सजाई गयी एक ख़ास ट्रॉली -गाड़ी में विराजमान करके सुबह जुलूस निकालने की व्यवस्था की जाती है।

गुरु नानक का जन्मदिन प्रति वर्ष कार्तिक (अक्टूबर या नवम्बर) की पूर्णिमा को मनाया जाता है। वार्षिकोत्सव से दो दिन पहले *गुरु ग्रन्थ साहिब* का अखंड पाठ किया जाता है। अखंड पाठ में इस पवित्र ग्रन्थ को शुरू से अंत तक बिना किसी रुकावट के दिन-रात पढ़ा जाता है। उत्सव की शुरुआत प्रभात फेरी से होती है। सुबह की यात्रा किसी विशेष गुरुद्वारे से शुरू होती है और फिर शबद गाते हुए आसपास के इलाकों से निकलती हैं। इस उत्सव के दिन *गुरु ग्रन्थ साहिब* को यात्रा के दौरान फूलों से सजाई गयी एक विशेष ट्राली में ले जाया जाता है। पांच सशस्त्र गार्ड, जो पंज पियारे (शाब्दिक रूप से पांच प्रियजन) का प्रतिनिधित्व करते हैं, वे निशान साहिब (सिख झंडे) को हाथ में लेकर सबसे आगे चलते हैं।

धार्मिक संगीत बजाने वाले स्थानीय बैंड भी जुलूस का एक विशेष अंग होते हैं। जुलूस के साथ मिलकर महिलाओं का एक समूह *गुरु ग्रन्थ साहिब* के भजन गाता है। स्थानीय बैंड की धुन पर मार्च करने वाले स्कूली बच्चे भी जुलूस के एक विशेष अंग होते हैं। जुलूस यात्रा निकलने वाले रास्तों पर भक्त यात्रा के सदस्यों और साथ ही साथ आम जनता को प्रसाद और शीतल पेय बांटने के लिए खड़े रहते हैं। यात्रा का अंत गुरुद्वारा

किसी भी गुरु के जन्मदिन के उत्सव पर एक्रोबैटिक प्रदर्शन भी आयोजित किये जाते हैं।

वापस लौटने के साथ होता है जहाँ गुरु-का-लंगर का विशेष आयोजन किया जाता है। लोग इस दिन गुरुद्वारे की यात्रा करते हैं और एक साथ बैठ कर पारंपरिक कड़ाह प्रसाद का आनंद लेते हैं।

गुरु नानक के जन्मदिन का उत्सव मनाते हुए, हमें ध्यान रखना चाहिए कि सिख धर्म के गुरु नानक की मूल अवधारणा मुख्यतः मानव सेवा (कार-सेवा), कीर्तन (सत्संग भजन गायन), सत्संग (धार्मिक सभा) और 'एक' सर्वशक्तिमान परमेश्वर में विश्वास से संबंधित है जो कि अनंत है। उनके अनुसार ईश्वर निराकर (निरंकार) एकात्म, अदृश्य, स्वयं में विद्यमान, समझ से परे, कालातीत, सर्वव्यापी, अवर्णनीय और सबका (कर्ता पुरख) निर्माता है।

सिख धर्म के संस्थापक गुरु नानक के जन्मदिन पर मानव जाति के सामाजिक और आध्यात्मिक उन्नति के लिए उनके महान योगदान को याद रखना सबसे अच्छी श्रद्धांजलि होगी। उनकी शिक्षाएं आज भी उतनी ही प्रासंगिक हैं जितनी कि पंद्रहवीं शताब्दी में उनकी सांसारिक उपस्थिति के समय थीं।

शब्दावली

अकाल पुरख	अनन्त इकाई।
अखण्ड ज्योति	पूजा के स्थान पर अग्नि का निरन्तर प्रज्वलित होना।
अखण्ड पाठ	गुरु ग्रन्थ साहिब का निरन्तर पूर्ण वाचन।
अमृत	मीठा और स्टील के कटोरे में खंडे (दोधारी नुकीली तलवार) से स्पर्श किया हुआ पानी कुछ विश्वास आध्यात्मिक ग्रन्थ के गायन के साथ पांच दीक्षित सिखों (पंज प्यारे) के द्वारा खालसा (भाईचारे या सिख समुदाय विशेषकर दीक्षित सिखों और सिख धर्म को मानने वालों) के दीक्षा समारोह में उपयोग किया जाता है।
अमृत सरोवर	अमृत से भरा पवित्र तालाब।
अरदास	प्रार्थना; सिखों द्वारा की जाने वाली विनय की प्रार्थना।
अल्लाह	'ईश्वर' का अरबी में शाब्दिक अर्थ।
आदि ग्रन्थ	पहला मूल ग्रन्थ। अब इसे गुरु ग्रन्थ साहिब के नाम से जाना जाता है। यह सिखों का धर्मग्रन्थ है।
आनंद	बड़ा आध्यात्मिक आनंद ।
ईमाम	एक मुखिया, एक पुजारी, एक प्रचारक।
उदासी	वस्तुतः उदास होना, अकेलापन, सिख साधुओं का वह पंथ जिसने दीक्षा नहीं ली। इसी पंथ का एक सदस्य, यात्रा, ओडिसी जिन्हें गुरु नानक देव ने अपनी शरण में ले लिया था।
कटार	खंजर।
कड़ाह प्रसाद	गेहूँ के आटे, चीनी और घी से बना पवित्र हलवा, यह गुरुद्वारे में श्रद्धालुओं के बीच वितरित किया जाता है।
कथा	धार्मिक प्रवचन।
करतापुरख	सभी को बनाने वाला।
करामात	चमत्कार।
कर्म	कार्य, क्रिया।
कलंदर	मुस्लिम संन्यासी।
कलगी	एक राजकुमार के ताज पर लगा पंख, शिखा, सिर का गहना।
काज़ी	एक मुस्लिम न्यायाधीश या कानून का अधिकारी।
कारसेवा	श्रम-दान विशेषकर गुरुद्वारों की इमारतों के निर्माण या पुनर्निर्माण या सरोवरों (गुरुद्वारों में स्नान के लिए बने पवित्र जलाशय) की गाद निकालने और उन्हें साफ करने की सेवा।

कारसेवा वाले	स्वैच्छिक श्रमदान करने वाले लोग।
किरपाण	एक प्रकार की छोटी तलवार, एक कृपाण।
कीर्तन	आध्यात्मिक भजन गाना, भक्ति संगीत।
कीर्तन दरबार	आध्यात्मिक भजन गाना, संगत का भक्ति संगीत।
कुबेर/कुवेरा	धन का देवता, हिन्दू मिथकों में कुबेर।
कुरान	मुसलमानों की पवित्र पुस्तक।
कोतवाल	शहर या कस्बे का पुलिस आयुक्त।
कोतवाली	शहर या कस्बे का पुलिस स्टेशन।
खंगा	सामुदायिक रसोई।
खंजर	कटार
खंडा	एक मुड़ी हुई नुकीली दोधारी तलवार।
खंडे-दा-अमृत/ खंडे-दी-पाउल	खालसा का दीक्षा संस्कार।
खालसा/खालसा पंथ	संपूर्ण निकाय, सिख समुदाय।
खिल्लत	एक राजा द्वारा प्रदान किया गया सम्मान का तोहफ़ा।
गद्दी/गुरुगद्दी	गुरु के बैठने का स्थान, गुरु का सिंहासन, प्रधान पद।
गुमटी	एक बुर्ज़, मीनार।
गुरबानी साहिब	गुरुओं द्वारा तैयार किये गये भजनों का उच्चारण; गुरु ग्रन्थ साहिब में लिखे हुए शबद।
गुरु/गुरुजी	आध्यात्मिक गुरु/मार्गदर्शक
गुरु इतिहास कथा	गुरु की ऐतिहासिक कथाएं।
गुरु ग्रन्थ साहिब	आदि ग्रन्थ के नाम से भी जाना जाता है, सिखों का पवित्र धर्मग्रन्थ।
गुरु का लंगर	लंगर गुरुद्वारों में वितरित होने वाला निःशुल्क सामुदायिक भोजन।
गुरुद्वारा	सिखों के पूजा करने का स्थान; वस्तुतः गुरु का द्वार, दहलीज़, एक घर या निवास।
गुरुपर्ब	गुरु के जीवन से संबंधित, उनके जन्मदिन का उत्सव।
गुरुबिलास	किसी कविता के रूप में गुरु की जीवनी।
गुरुमत	गुरु के मत में विश्वास रखने वाले सिद्धांत, सिखों का धर्मशास्त्र।
गुरुमत विद्यालय	सिख मूल्यों, सिख धर्मशास्त्र को सिखाने वाला शिक्षण संस्थान
गुरुमाता	संकल्प, गुरु ग्रन्थ साहिब को साक्षी मानकर, सरबत खालसा या संगत द्वारा अनुमोदित कार्ययोजना।
गुरुमुखी	गुरु नानक द्वारा तैयार की गई लिपि; पंजाबी भाषा इस लिपि में लिखी जाती है।
गुरुशिप	सिखों के आध्यात्मिक गुरु के पद पर विराजमान होना।
गृहस्थी	कुटुम्बी, घरेलू।
ग्रन्थी	धर्मग्रन्थ को पढ़ने और गुरुद्वारे की देखभाल करने वाला।

चऊरी/चवर	प्रभुसत्ता को प्रतीकात्मक रूप में झलने वाला कूँचीनुमा पंखा।
चादर	एक शीट या पलंगपोश ।
चुबका	पानी का एक जलाशय।
चुबारा	एक खुला हुआ स्थान जो किसी घर की छत तले बना होता है, एक अटारी।
चोला	एक लम्बा सा लबादा।
छाउनी	एक प्रकार का तंबू, एक सेना की शिविर।
जज़िया	मुस्लिम शासकों द्वारा हिंदू तीर्थयात्रा पर लगने वाला कर।
जन्मसाखी	जीवनी, विशेषकर गुरु नानक देव जी के जन्म से संबंधित प्रारम्भिक और साहित्यिक जीवन-चरित्र।
जपजी	दो श्लोकों सहित 38 भजनों का संग्रह, पहला और अंतिम गुरु नानक देव जी द्वारा लिखा गया।
जमधार	एक प्रकार का खंजर।
ज़मींदार	ज़मीन का मालिक, भूमिधारी, एक भूस्वामी।
जागीर	सरकार द्वारा जिसे कुछ सेवाओं के लिए इनाम में दिया गया किराया मुक्त अनुदान
ज़िल-ए-इलाही	धरती पर ईश्वर की छवि
जुर्माना	जुर्माना, अधिभार।
तख्त/तख्त साहिब	वस्तुतः एक सिंहासन; सिख धर्म के सर्वोच्च पांच गुरुद्वारे, इनके नाम हैंः 1) श्री अकाल तख्त साहिब, हरिमंदिर (स्वर्ण मंदिर) अमृतसर के सामने; 2) तख्त श्री हरिमिंदर साहिब, पटना साहिब, पटना, बिहार; 3) तख्त श्री केशगढ़ साहिब, आनन्दपुर साहिब, जिला रोपड़, पंजाब; 4) तख्त सच्चखंड श्री हजूर साहिब अभिचल नगर, नांदेड़, महाराष्ट्र और 5) तख्त श्री दमदमा साहिब, तिलवंडी साबो गाँव, जिला भटिण्डा, पंजाब।
तत खालसा	सिखों की मुख्य संस्था।
तबला	एक तरह का चंग।
तीर	तीर
तीरस्थान	मोती बाग गुरुद्वारा परिसर का वह स्थान जहाँ से गुरु गोबिन्द सिंह ने लाल किले पर दो तीर छोड़े थे।
तीर्थ	एक पवित्र स्थान, तीर्थस्थान की जगह, पावन जगह।
त्याग	संन्यास।
दमदमा	आराम करने का अस्थायी स्थान, पड़ाव।
दरबार	कोर्ट, गुरु का कोर्ट; गुरुद्वारा।
दरबार साहिब	गुरु ग्रन्थ साहिब; कुछ खास गुरुद्वारों के नाम, विशेषकर अमृतसर परिसर में बना पवित्र जलाशय, हरिमंदिर, अकाल तख्त और अन्य तीर्थस्थल।
दरवाज़ा	एक द्वार।
दर्शन	दृष्टि, आभास।
दल खालसा	सिखों के एक संगठित दल की शक्ति को (मिस्ल) अठारहवीं शताब्दी के मध्य में दल खालसा कहा जाता था।
दीवान	मंडली, शाही सभा, एक मंत्री, एक पर्यवेक्षक।

दोहिरा	रहरस में शामिल गुरु गोबिन्द सिंह द्वारा रचित एक भजन (संध्या/गोधूली की प्रार्थना)।
धर्म	धर्म।
धर्मसाल	पूजा का स्थान; गुरुद्वारा।
नज़राना	तोहफ़ा, एक उपहार।
नाम	अक्षरतः नाम, ईश्वर का नाम।
नित नेम	प्रतिदिन नियम से पढ़ी जाने वाली गुरुओं द्वारा निर्धारित पांच वाणियों का संग्रह, सुबह शाम और रात्रि में पढ़ी जाती है।
निरंकार	निराकार
निशान साहिब	सिख झंडा या मानक त्रिकोणीय आकार का केसरिया झंडा केवल निहंगों के झंडे को छोड़कर जिनका गहरा नीला झंडा होता है। निशान साहिब किसी भी गुरुद्वारे का आवश्यक एवं विशेष प्रतीक होता है।
निहंग	दीक्षित हुए लोगों का एक पंथ, हमेशा तैयार रहने वाला, भारी शस्त्रों से लैस सिख, इस पंथ का सदस्य या इसी संदर्भ में कोई पोशाक और साजो-सामान से लैस; बुड्ढा दल का कोई सदस्य या तरुण दल जिसमें कि निहंग संगठित होते हैं।
पंगत	पंक्ति, गुरु का लंगर लेने के लिए लगाई गई पंक्ति।
पंज प्यारे	30 मार्च, 1699 को आनंदपुर साहिब में किसी बलिदान के लिए गुरु द्वारा दिया गया नाम 'पंज प्यारे' है (वस्तुतः वे पांच जिन्हें वो बहुत प्यार करते हैं) जब गुरु ने उन्हें खंडे-दी-पहुल (खालसा का प्रथम उत्सव) दी और उन्हें दीक्षित होने के लिए कहा। तब से कोई भी पांच दीक्षित, अभ्यासी, सिख भक्तों, को चुनकर उन्हें खालसा के दीक्षांत समारोह में या किसी अन्य उत्सव के दौरान जुलूस का नेतृत्व करने या कारसेवा का उद्‌घाटन करने करने वालों को पंज प्यारे कहा जाता है।
पंथ	धार्मिक समुदाय, सिख समुदाय।
पति	आत्म सम्मान, आदर।
परमात्मा	ईश्वर, सर्वोच्च आत्मा।
परिक्रमा	किसी के चारों तरफ़ चक्कर लगाना।
पहर	दिन का आठवां भाग, तीन घंटे का समय।
पहाड़ी राजा	उत्तर भारत के पहाड़ी क्षेत्रों के राजा।
पाठ	आध्यात्मिक किताबों को पढ़ना।
पाहुल	दीक्षा, दीक्षा समारोह।
पीपल	एक वृक्ष जिसे हिन्दू धर्म में बहुत पवित्र माना जाता है।
पुराण	प्राचीन समय की पुरा कथाएं, हिन्दू पौराणिक कथाएं/ पौराणिक परम्पराएं।
पुरातन	पुराना, प्राचीन।
पोथी साहिब	पहली हस्तलिखित पवित्र ग्रन्थ साहिब।
प्याऊ	जहाँ प्यासे यात्रियों को पानी पिलाया जाता है।

प्रकाश	गुरु ग्रन्थ साहिब को खोल कर रखना।
प्रकाश अस्थान	पवित्र स्थान, जहाँ गुरु ग्रन्थ साहिब जी विराजते हैं।
प्रकाश उत्सव	अमृतसर के स्वर्ण मंदिर में गुरु ग्रन्थ साहिब को पहली बार स्थापित करने का उत्सव।
प्रभात फेरी	सुबह पौ फटने से पहले निकलने वाला धार्मिक जुलूस।
प्रसाद	श्री गुरु ग्रन्थ साहिब को भोजन के लिए निवेदन करना और उसके बाद वह भोजन उनके आशीर्वाद के रूप में ग्रहण करना।
फ़कीर	मुस्लिम भिक्षुक, एक साधु, एक बैरागी।
फ़तेह दर्शन	किसी मत का विजयी होना।
फ़रमान	शाही आज्ञा, शाही आदेश।
फौजदार	चौकी का कमांडर, एक सरकारी अधिकारी (मुग़ल काल में)
बंगला	बंगला
बंदाइस	बंदा सिंह बहादुर के साथी
बाणिया	एक सौदागर, एक व्यापारी, या एक दुकानदार।
बानी	उक्ति, आध्यात्मिक भजन या शब्द, गुरबाणी के समान।
बेअंती चौपाई	एक तरह के भजन, जो गुरु गोबिंद सिंह के द्वारा रचे गये थे और जो रहरस में है। (संध्या/गोधूलि के समय की जाने वाली प्रार्थना)
बैरागी	हिन्दू साधकों का शैव पंथ या इस पंथ का कोई सदस्य।
बैसाखी	विक्रमी संवत के बैसाख महीने की पहली तारीख को मनाया जाने वाला एक उत्सव।
ब्राह्मण	हिन्दुओं की चार जातियों में सर्वप्रथम स्थान पर होता है।
भक्त	एक पुजारी या श्रद्धालु।
भक्ति	मत, पूजा, विश्वास।
भाट	एक तरह का पक्षी या गवैया।
भोग	ईश्वर का आर्शीवाद लेने के लिए गुरु ग्रन्थ साहिब को परोसा जाने वाला सबसे पहला भोजन।
मंजी साहिब	प्रकाश अस्थान के लिए एक वास्तु डिज़ाइन जिसमें एक छोटी झुकी हुई लगभग 3 मीटर की चौकोर छतनुमा संरचना होती है जिसमें गुरु ग्रन्थ साहिब स्थित होते हैं।
मजनू-का टीला	ईराक के एक मुस्लिम सूफ़ी फ़कीर मजनू की छोटी पहाड़ी।
मसन्द	चौथे गुरु द्वारा नियुक्त गुरु के प्रतिनिधि और प्रचारक। 1699 में दसवें गुरु गोबिन्द सिंह ने खालसा की स्थापना से पहले मसन्द बनाने की रीति को समाप्त कर दिया था।
महन्त	गुरुद्वारे का मुख्य पुजारी।
मांजी	गुरु नानक द्वारा स्थापित मिशनरी केन्द्र, गुरु अमर दास ने देश के विभिन्न हिस्सों में ऐसी 22 मांजी स्थापित की। हर मांजी एक सिख भक्त के अधिकार में थी, जिसके प्रबंधन से सिख संगत गुरु के भजनों को गाती थी। इसका उद्देश्य गुरु नानक द्वारा प्रवर्तित सिख धर्म के संदेश का प्रसरित करना था।

मिस्ल	अरबी शब्द मिस्ल का अर्थ है समान। 18 वीं शताब्दी के उतरार्द्ध में सिखों की संघाधीन सेना दल खालसा की 12 इकाइयों में से कोई भी।
मिस्लदारी	किसी मिस्लदार (मिस्ल का प्रमुख) की खुद की रियासत।
मुल्ला/मौलवी	एक मुस्लिम विद्वान (अरबी और फ़ारसी साहित्य पर समान अधिकार रखने वाला)।
मेला	भीड़, लोगों का एकत्रित होना।
मोरचा	खाई, किलेबंदी, युद्ध, युद्ध की अगली पंक्ति, टकराव, आंदोलन।
यक्ष	एक प्रकार के अर्ध-देव, कुबेर के बगीचों और खजाने की रक्षा के लिए नियुक्त परिचारक।
यात्री	एक तीर्थयात्री, एक पर्यटक, एक राही, एक मुसाफ़िर।
योगी	योग का अभ्यास करने वाला (गहन ध्यान करने वाला)।
रकब	कुंडा।
रहरस	संध्या/गोधूलि के समय की जाने वाली प्रार्थना; पांच विभिन्न गुरुओं के भजनों का संग्रह। भजनों का विषय ईश्वर के घर और उसमें प्रवेश करने का माध्यम होता है।
राखी	गाँववालों द्वारा उत्पादन का एक तिहाई भाग मिस्लदार को दिये जाने की प्रणाली।
राग	संगीत में स्वरानुक्रम।
रागी	संगीतकार।
राजा	एक बादशाह, एक सम्राट, एक सर्वोपरि शासक।
लंगर	गुरुद्वारों द्वारा लगाया जाने वाला निशुल्क सामुदायिक भोजन, गुरु-के-लंगर के समान।
वाक्	ग्रन्थ साहिब को कहीं से भी खोलने पर सामने आने वाले भजन का गायन।
वाल्मीकि	सफ़ाई इत्यादि करने वाले निम्न जाति/वर्ग के लोग।
विक्रमी	57 ईसा पूर्व में मध्य मार्च से आरम्भ एक भारतीय पंचांग या तिथिपत्र, भारतीय संवत्।
वैश्य	हिन्दु जाति व्यवस्था में तीसरा स्थान रखने वाली जाति।
शबद	एक पवित्र आध्यात्मिक भजन।
शबद-का-लंगर	पवित्र अध्यात्मिक भजन के माध्यम से गुरु का आशीर्वाद पाने और पूजा व प्रार्थना के लिए गुरुद्वारे में आने वाले भक्त कीर्तन और कथाएं (सिख शास्त्रों की व्याख्या) करते हैं।
शिया	एक मुस्लिम सम्प्रदाय; मूलरूप से सुन्नियों की तुलना में इस्लाम की एक छोटी शाखा का उपनाम।
संगत/सत संगत	संगति; धार्मिक संगत; गुरुद्वारे में पूजा के लिए एकत्रित लोग।
संत	संत, विशेषरूप से जो एक महान ईश्वर में विश्वास करता है।
सचखंड	अक्षरतः सत्य का स्थान।
सज्ज़ादनशीं	किसी समाधि या मकबरे की देखभाल करने वाला।
समाधि	किसी दिवंगत इंसान की राख पर बना स्मारक।
संवत्/(विक्रमी)	विक्रम युग का एक वर्ष; उज्जैन के प्रख्यात राजा विक्रमादित्य द्वारा 57 ईसा पूर्व में मध्य मार्च से आरम्भ एक भारतीय पंचांग या तिथिपत्र, भारतीय संवत्।

सरबत खालसा	एक सिख संस्थान, एक विशेष सभा जो पूरे खालसा पंथ का प्रतिनिधित्व करती है।
सराय	तीर्थयात्रियों के रहने का निवास स्थान।
सरोवर	नहाने का पवित्र जलाशय, आमतौर पर गुरुद्वारों में होते हैं।
सवैया	रहरस (संध्या-गोधूलि के समय की प्रार्थना) में सम्मिलित गुरु गोबिन्द सिंह द्वारा रचित भजन।
सहिदी	शहादत; शहादत से संबन्धित।
सहिदी दिवस	शहादत का दिन।
सहिदी जत्था	स्वयंसेवकों का एक दल जिसने मरने-मारने की शपथ ली हो।
साधु	संन्यासी।
साहिब	एक सम्माननीय प्रत्यय।
सुखमणि साहिब	गुरु अर्जन द्वारा रचित भजन, ये मानसिक शान्ति प्रदान करता है। इसमें 27 गीत हैं।
सुखासन	एक आराम कुर्सी, एक सोफा; एक पालकी।
सुद्र	हिन्दू जाति व्यवस्था में चौथा स्थान रखने वाली जाति।
सुन्नी	मुस्लिमों की मुख्य शाखा, इनका दावा है कि ये मुहम्मद साहिब के अनुयायी हैं और उनका समुदाय वास्तविक है।
सूफ़ी	मुस्लिम आध्यात्मवादी; भारत में ये सामान्यतः ग़ैर मुस्लिम आध्यात्मिक परम्परा से जुड़े हुए हैं।
सेवा	निस्वार्थ सेवा, विशेषकर स्वेच्छा से निःशुल्क की गई सेवा, जैसे कार-सेवा।
सेवादार	स्वयंसेवक, स्वेच्छा से निःशुल्क सेवा करने वाला।
सो-दर	संध्या के समय ईश्वर की स्तुति में गाया जाने वाला आध्यात्मिक भजन।
सोहिला	रात में सोने से पहले ईश्वर की स्तुति में गाया जाने वाला आध्यात्मिक भजन।
हज	मक्का का तीर्थस्थान।
हरिमिंदर	वास्तव में ईश्वर का मंदिर; अंग्रेज़ी भाषा-भाषियों में स्वर्ण मंदिर, अमृतसर के नाम से प्रसिद्ध।
हवेली	किलेबंदी युक्त एक विशाल मकान।
हुकुम	आदेश, कमांड; दैवी इच्छा
हुकुमनामा	लिखित आदेश, गुरु या किसी तख़्त द्वारा ज़ारी किया गया एक पत्र जिसमें एक आदेश या निर्णय होता है।
होला मोहल्ला	वसन्त के मौसम में, होली के अगले दिन लगने वाला उत्सव।
होली	फाल्गुन माह (मार्च) में शुक्ल पक्ष के आखिरी दिन मनाये जाने वाला रंगों का उत्सव।
क्षत्रिय	हिन्दू जाति व्यवस्था में दूसरा स्थान रखने वाली जाति।
ज्ञानी	विद्वान, धार्मिक ज्ञान रखने वाला।

टिप्पणियाँ

- गुरुद्वारा परिसर में तंबाकू, मादक द्रव्य, और भांग, अफ़ीम, शराब, कोकीन आदि नशीली वस्तुएं किसी भी रूप में लाना वर्जित है।
- श्रद्धालु जूते, जुराब, छड़ियाँ और छाते पवित्र परिसर से बाहर रखेंगे जहां गुरुद्वारे के कर्मचारी उनकी निःशुल्क देखभाल करेंगे।
- दर्शनार्थी कृपया इस पवित्र गुरुद्वारे के प्रवेश द्वार पर लगे नल पर अपने हाथ और पैर धोएंगे।
- दर्शनार्थी जब तक गुरुद्वारा परिसर में रहेंगे, कृपया अपना सिर ढंक कर रहेंगे।

सिख गुरु

गुरु	दिल्ली में उस समय के शासक	जन्म स्थान	जन्म	मृत्यु
नानक (I)	बहलोल लोदी 1451-89 ईस्वी सिकन्दर लोदी1489-1517 ईस्वी इब्राहिम लोदी 1517-26 ईस्वी बाबर 1526-30 ईस्वी हुमायूँ 1530-40 ईस्वी	गाँव तलवंडी अब ननकाना साहिब के नाम से जाना जाता है। (पाकिस्तान)	15.4.1469	22.9.1539
अंगद (II)	हुमायँ शेरशाह सूरी 1540-56 ईस्वी	गाँव मात-दी-सराय जिला फिरोजपुर, पंजाब।	31.3.1504	29.3.1552
अमर दास (III)	हुमायूं शेरशाह सूरी1555-56 ईस्वी अकबर 1556-1605 ईस्वी	गाँव बसारके जिला अमृतसर, पंजाब।	5.5.1479	1.9.1574
राम दास (IV)	अकबर	लाहौर (अब पाकिस्तान में)	24.9.1534	1.9.1581
अर्जन देव (V)	अकबर जहाँगीर 1605-1627 ईस्वी	गोईदवाल (व्यास नदी के दायें तट पर स्थित) जिला अमृतसर, पंजाब।	15.4.1563	30.5.1606
हर गोबिन्द (VI)	जहाँगीर शाहजहां 1627-1658 ईस्वी	गाँव वडाली, जिला अमृतसर, पंजाब।	14.6.1595	3.3.1644
हर राय (VII)	शाहजहां औरंगज़ेब 1658-1707 ईस्वी	किरतपुर, जिला रोपड़ पंजाब।	26.2.1630	30.6.1661
हरकिशन (VIII)	औरंगज़ेब	किरतपुर, जिला रोपड़ पंजाब।	7.7.1656	30.3.1664
तेग बहादुर (IX)	औरंगज़ेब	पवित्र शहर, अमृतसर, पंजाब।	1.4.1621	11.11.1675
गोबिन्द सिंह (X)	औरंगज़ेब बहादुरशाह 1707-1712 ईस्वी	पटना, बिहार।	22.12.1666	7.10.1708

संदर्भ ग्रन्थ

1. जे. डी. कनिंघम, ए हिस्ट्री ऑफ़ सिख, प्रथम प्रकाशित 1849 पुनर्मुद्रित 1972, पृ. 34
2. जे. पी. सुडा, रिलीजन्स इन इंडिया-ए स्टडी ऑफ़ देयर एसेन्शल यूनिटी। स्टरलिंग पब्लिशर्स प्राईवेट लिमिटेड, नई दिल्ली 1978, पृ. 225-227। कर्नल डी. एस. गरेवाल की गुरु नानक ट्रैवल टू हिमालियन एण्ड ईस्ट एशिया रीजन : ए न्यू लाईट, नेशनल बुक शॉप, चाँदनी चौक, दिल्ली,1995 पृ. 5
3. वार मज्ब, इन्हें भी देखें। सुरेन्द्र सिंह जौहर (एस. एस. जौहर), द सिख गुरुज़ एण्ड देयर श्राइन्स, दिल्ली 1976 पृ. 37
4. इन्दूभूषण बनर्जी, इवोल्युशन ऑफ़ द खालसा, वॉल्यूम 1 फ़ॉउन्डेशन ऑफ़ द सिख पंथ, युनिवर्सिटी ऑफ़ कलकत्ता 1936 पृ. 50
5. मैक्लीफ़, एम. ए.. द सिख रिलीज़न, वॉल्यूम 1, पृ. 5
6. गुरु ग्रन्थ साहिब, पृ. 39
7. कर्नल डी. एस. ग्रेवाल, ऑप। सिट, पृ.5-9
8. सुरजीत सिंह गांधी, हिस्ट्री ऑफ़ द सिख गुरुज़ (ए कॉम्प्रेहेन्सिव स्टडी) गुर दास कपूर एण्ड सन्स प्राईवेट लिमिटेड, दिल्ली-जालन्धर-गाजियाबाद, प्रथम संस्करण 1978, पृ. 91,92
9. मेजर गुरुमुख सिंह (रिटायर्ड), हिस्टॉरिकल सिख श्राइन्स, सिंह ब्रदर्स, अमृतसर, 1995, पृ. 279,280।
10. सुरेन्द्र सिंह ज़ौहर, द सिख गुरुज़ एण्ड देअर श्राइन्स, विवेक पब्लिशिंग कंपनी, कमला नगर , दिल्ली 1976, पृ. 80, 81
11. डॉ. त्रिलोचन सिंह, अध्याय : हिस्टॉरिकल सिख श्राइन्स इन दिल्ली, दिल्ली सिख गुरुद्वारा बोर्ड, सीस गंज, चाँदनी चौक, दिल्ली, 1972, पृ. 21
12. एस. एस. जौहर, ऑप सिट पृ. 46
13. विवेक रंजन भट्टाचार्य, सेक्युलर थॉट ऑफ़ द सिख गुरुज़, ज्ञानी जैल सिंह द्वारा प्रस्तावना के साथ, ज्ञान पब्लिशिंग हाउस, दिल्ली, 1988, पृ. 126-127
14. पटवंत सिंह, "द गुरु एण्ड द ग्रन्थ : ए व्यू थ्रू वर्ल्ड्स गुरुद्वारास, द ट्रिब्यून, 21 फ़रवरी, 1993
15. जी. एस. ढिल्लो, इन्साईट्स इन्टू सिख रिलीज़न एण्ड हिस्ट्री, सिंह एण्ड सिंह पब्लिशर्स, चण्डीगढ़, 1991 पृ.12 (सिखधर्म का सार)
16. ग्रन्थ साहिब, पृ. 642
17. गुरु ग्रन्थ साहिब, पृ. 1424
18. डॉ. एस. एस. कपूर, द रिलीज़न एण्ड द सिख पीपल, हेमकुंत प्रेस, नई दिल्ली, 1992, "द सिख थियोलॉजी, भाग 7, यूनिट 19 पृ. 179-180
19. डॉ. त्रिलोचन सिंह, ऑप. सिट. पृ. 22-24। ये भी देखें एस. एस. ज़ौहर, ऑप. सिट. पृ. 127
20. मैकॉलिफ़, एम. ए. ऑप. सिट. वॉल्युम 7, पृ. 99
21. इन्दुभूषण बनर्जी, इवॉल्युशन ऑफ़ खालसा, वॉल्यूम 2, पृ. 7
22. ट्रम्प अरनेस्ट, द आदि ग्रन्थ, पृ. 32
23. सुरिन्द्र सिंह जौहर, ऑप. सिट. पृ. 64
24. मोहसिन फ़नी, देबिस्तान मुज़ाहिब, अनुवाद डी. शिया ए. ट्रॉयर एण्ड गंडा सिंह. इन्हें भी देखिए, एस. एस. ज़ौहर ऑप. सिट. पृ. 65
25. जे. डी. कनिंघम, ऑप. सिट. पृ.32
26. आर. एस. वाहिवाला "कीर्तन (भक्ति संगीत)" एसबी. न. 6, 1989. पृ. 18

27. जे. सिंह सालना, "इम्पॉर्टेन्स ऑफ़ कीर्तन इन गुरमत" एससी. 1, वॉल्यूम 32, न. 74, 1992, पृ. 12
28. मेरी फ़ॉलर, सिखिज़्म इन वर्ल्ड रिलीज़न्स, संपादन ससेक्स एकेडेमिक प्रेस, 1997, पृ. 361
29. तरन सिंह, जपु दर्शन दीदार, फकीर सिंह एण्ड सन्स, अमृतसर, पृ.46
30. शरद चन्द्र वर्मा, गुरु नानक एण्ड द लोगोस ऑफ़ डिवाइन मैनीफेस्टेशन, दिल्ली गुरुद्वारा प्रबन्धक कमेटी, 1967, पृ. 396.
31. अवतार सिंह, एथिक्स ऑफ़ द सिख्स, पटियाला, पंजाबी युनिवर्सिटी, 1970, पृ. 30-31
32. गुरुनाम कौर, रीज़न एण्ड रिवॉल्यूशन इन सिखिज्म, कॉस्मो पब्लिकेशन्स, नई दिल्ली, 1990, पृ.144-149
33. डॉ. एस. एस. कपूर, ऑप. सिट. पृ. 169,170
34. डॉ. त्रिलोचन सिंह, "फन्डामेंटल बिलीफस् ऑफ़ सिख रिलीज़न," दिल्ली सिख गुरुद्वारा बोर्ड, 1972 पृ. 58,59। इसे भी देखें डब्ल्यू ऑवेन कोले और प्यारा सिंह संभी, द सिख : देयर रिलीजियस बीलीफ़ एण्ड प्रैक्टिस, विकास पब्लिशिंग हाउस प्राईवेट लिमिटेड, नई दिल्ली, 1978, पृ.171-173
35. एम. ए. मैक्लीफ, ऑप. सिट. वॉल्यूम 5, पृ. 93
36. डॉ. त्रिलोचन सिंह, ऑप. सिट., पृ. 24,25
37. गुरु गोबिन्द सिंह : दशम ग्रन्थ। डॉ0 त्रिलोचन सिंह ऑप सिट, पृ. 26 को भी देखें।
38. डॉ. त्रिलोचन सिंह, ऑप. सिट. पृ.24, 25। एस.एस. जौहर, ऑप. सिट.पृ.195,196 और गुरुमुख सिंह। ऑप. सिट. पृ.280,281 को भी देखें।
39. गुरु ग्रन्थ साहिब, पृ 185 और पृ.1245
40. डॉ. त्रिलोचन सिंह, "फन्डामेंटल बिलीफस् ऑफ़ सिख रिलीज़न,", ऑप. सिट. पृ.55
41. गुरु ग्रन्थ साहिब.
42. डॉ. त्रिलोचन सिंह, ऑप. सिट. पृ.27
43. बचितर नाटक. डॉ. त्रिलोचन सिंह, ऑप. सिट., पृ. 30 और एस.एस.ज़ौहर, ऑप. सिट. पृ.230 को भी देखें।
44. जे. डी. कनिंघम, ऑप. सिट. पृ. 58
45. सुरजीत सिंह गांधी, "नानक 9-गुरु तेग बहादुर" हिस्ट्री ऑफ द सिख एण्ड देयर रिलीज़ियन में, वॉल्यूम 1, संपादन किरपाल सिंह और खड़क सिंह, शिरोमणि गुरुद्वारा प्रबंधक कमेटी, अमृतसर, 2004, पृ.242-43. द एन्साईक्लोपीडिया ऑफ़ सिखिज़्म, संपादन प्रोफेसर हरबंस सिंह, पंजाबी युनिवर्सिटी , पटियाला, वॉल्यूम 4, तेग बहादुर गुरु, पृ. 332 को भी देखें।
46. एस.एस. ज़ौहर, ऑप. सिट. पृ. 230;
47. बचितर नाटक. एस.एस. ज़ौहर, ऑप. सिट. पृ. 230
48. इंदुभूषण बनर्जी, ऑप.सिट. वॉल्यूम 2, पृ. 60,61
49. राज खालसा 30-32; फॉरेस्ट्स सिलेक्शन 3, 1124, दिल्लीयेती पृ.84; हरि राम गुप्ता, हिस्ट्री ऑफ़ द सिख्स 2, पृ. 143
50. एस.एस. ज़ौहर, ऑप.सिट. पृ.231। और गुरूमुख सिंह ऑप.सिट. पृ.280 व हरबंस सिंह चावला, सरदार बघेल सिंह, दिल्ली सिख गुरुद्वारा प्रबंधक कमेटी, 2001 को भी देखें।
51. डॉ. त्रिलोचन सिंह, ऑप.सिट. पृ.31-33
52. एस.एस. जौहर ऑप.सिट. पृ. 232 । हरबंस सिंह चावला, सरदार बघेल सिंह, ऑप. सिट. 2001 को भी देखें।
53. गण्डा सिंह, ए ब्रीफ़ अकाउन्ट ऑफ़ द सिख पीपल, दिल्ली गुरुद्वारा प्रबंधक कमेटी, दिल्ली, 1988, पृ. 64
54. मोहम्मद लतीफ़, ए हिस्ट्री ऑफ़ द पंजाब, कलकत्ता 1891, पृ.270

55. बचितर नाटक, चैप्टर-6
56. डॉ. त्रिलोचन सिंह, ऑप.सिट.पृ 35-36। एस.एस. जौहर ऑप.सिट. पृ.293-95; को भी देखें। गुरुमुख सिंह, ऑप.सिट.पृ.281
57. प्रीतम सिंह गिल, हेरिटेज ऑफ़ सिख कल्चर, न्यू एकेडेमिक पब्लिशिंग कंपनी, जालन्धर, 1975, पृ. 92,93
58. एस.एस. जौहर. ऑप.सिट. पृ.292
59. डॉ. त्रिलोचन सिंह, ऑप.सिट. पृ. 36,37
60. डॉ. त्रिलोचन सिंह, ऑप.सिट. पृ. 37
61. गुरु गोबिन्द सिंह, अकाल उस्तात, 86
62. मोहम्मद लतीफ़, ऑप.सिट. पृ.239
63. डॉ. एस.एस. कपूर, ऑप.सिट. पृ. 194-198 (राईज़ एण्ड फ़ॉल ऑफ़ बन्दा बहादुर) हरबंस सिंह चावला, बंदा सिंह बहादुर दे अंतले दिन, दिल्ली सिख गुरुद्वारा प्रबंधक कमेटी, जून 1996 को भी देखें।
64. गन्डा सिंह, लाईफ़ ऑफ़ बंदा सिंह बहादुर (समसामयिक और मूलभूत रिकार्ड पर) पब्लिकेशन ब्यूरो, पंजाब युनिवर्सिटी, पटियाला, 1999, चैप्टर 19 (मसाकरे ऑफ़ द सिख्स एण्ड बंदा सिंह बहादुर एट दिल्ली), पृ.146-147
65. माउंट स्टुऑर्ट एल्फ़िनस्टोन, एन अकाउन्ट ऑफ़ द किंगडम ऑफ़ काबुल, 2 वॉल्यूम, लंदन 1896
66. डॉ. त्रिलोचन सिंह, हिस्टोरिकल सिख श्राईन इन दिल्ली ऑप.सिट. पृ. 39,40
67. मोहम्मद लतीफ़, ऑप.सिट. पृ. 279
68. प्यारा सिंह दाता, बंदा सिंह बहादुर, नेशनल बुक शॉप, चाँदनी चौक , दिल्ली पृ. 78,79
69. एस.एस. ज़ौहर, द सिख सोर्ड टू पॉवर, आर.सी. पब्लिशर्स, दिल्ली, 2002, पृ. 37
70. सुरजीत सिंह गांधी, सिख्स इन द ऐटिन्थ सेंचुरी, सिंह ब्रदर्स, अमृतसर, 1979, पृ. 577-581
71. डॉ. एस.एस कपूर, द सिख रिलीजन एण्ड द सिख पीपल, 1992 ऑप.सिट. पृ.244
72. सुरजीत सिंह गांधी, ऑप.सिट. पृ. 624

चित्र आभार

श्री अनूप अस्थाना (सौजन्य से): दिल्ली सिख गुरुद्वारा प्रबंधक कमेटी: 2, 10, 11, 23, 26, 27, 28, 32, 35, 36, 40, 41, 42, 55, 56, 57, 58, 63, 64, 68, 69, 70, 73, 76, 77, 78, 86, 88, 89, 91, 92, 93, 97, 99, 102, 103, 104, 108, 109, 110, 111, 112, 115, 116, 118, 119, 120, 126, 129, 132, 135, 137 और 161.

सरदार अमरीक सिंह पनेसर (पैन मल्टीमीडिया, नोएडा): 5, 8, 14, 16, 25, 31, 33, 44, 52, 60, 79, 82, 83, 94, 105, 122, 130, 131, 134, 145, 146 और 147.

सरदार अमरीक सिंह पनेसर (पैन मल्टीमीडिया, नोएडा): 155 (सौजन्य पंजाब एण्ड सिंध बैंक, दिल्ली)

एम के पॉल: 107

श्री अनिल भाटिया, जनरल सेक्रेटरी, गुरुद्वारा श्री गुरु सिंह सभा (रजिस्टर्ड), पॉकेट-जी, सरिता विहार, नई दिल्ली 76: 158, 159 और 160.

ग्रन्थ सूची

1. अवतार सिंह: एथिक्स ऑफ़ द सिख्स—पटियाला : पब्लिकेशन ब्यूरो, पंजाबी यूनिवर्सिटी, 1970.
2. इरविन, विलियम: लेटर मुग़ल्स, 2 भाग—लंदन, 1922.
3. कनिंघम, जे. डी: अ हिस्ट्री ऑफ़ द सिख्स—नई दिल्ली: एस. चांद एण्ड कंपनी (प्राईवेट) लिमिटेड, 1972. (पुनर्मुद्रित: सर्वप्रथम 1849 में प्रकाशित)
4. कपूर, एस. एस.: द सिख रिलिजन एण्ड द सिख पीपल—नई दिल्ली: हेमकुंत प्रेस, 1992.
5. कर्नल, डब्ल्यू. ओ.: द गुरु इन सिक्खिज़म—लंडन: डार्टन, लॉन्गमेन एण्ड टॉड, 1982.
6. कर्नल, डब्ल्यू. ओ. और सम्भी, प्यारा सिंह: द सिख्स, देअर रिलिज़ंस बिलीफ़्स एण्ड प्रैक्टिस—नई दिल्ली: विकास पब्लिशिंग हाउस, 1978.
7. कश्मीर सिंह : लॉ ऑफ़ रिलिजिअस इन्स्टिट्यूशन्स—सिख गुरुद्वाराज़—अमृतसर: गुरु नानक देव युनिवर्सिटी, 1989.
8. कोहली, एस. एस. : ट्रेवल्स ऑफ़ गुरु नानक—चंडीगढ़: पंजाब युनिवर्सिटी, 1969.
9. गण्डा सिंह: अ ब्रीफ़ अकाउंट ऑफ़ सिख पीपल—दिल्ली: सिख गुरुद्वारा प्रबंधक कमेटी, 1988.
10. गण्डा सिंह: लाईफ़ ऑफ़ बंदा सिंह बहादुर (सामयिक व मूलभूत रिकार्डस् पर आधारित)—पटियाला: पब्लिकेशन ब्यूरो, पंजाबी युनिवर्सिटी, 1999.
11. गांधी, सुरजीत सिंह: "नानक 9-गुरु तेग बहादुर" इन हिस्ट्री ऑफ़ द सिख एण्ड देअर रिलिजन, वॉल्यूम 1; सम्पादक, किरपाल सिंह व खड़क सिंह—अमृतसर : शिरोमणि गुरुद्वारा प्रबंधक कमेटी, 2004.
12. गांधी, सुरजीत सिंह: सिख इन द एटीन्थ सेन्चुरी—अमृतसर : सिंह ब्रदर्स, 1999.
13. गिल, प्रीतम सिंह: हेरिटेज ऑफ़ सिख कल्चर—जालन्धर: न्यू एकेडमिक पब्लिशिंग कम्पनी, 1975. (प्रथम संस्करण).
14. गुप्ता, हरि राम: हिस्ट्री ऑफ़ द सिख गुरुस—नई दिल्ली: यू. सी. कपूर एण्ड सन्स, 1973.
15. गुरुनाम कौर : रीज़न एण्ड रेवोलेशन इन सिक्खिज़म—नई दिल्ली : कॉस्मो पब्लिकेशन्स, 1990.
16. गुरुमुख सिंह : हिस्टोरिकल सिख श्राइन्स—अमृतसर: सिंह ब्रदर्स, 1995. (प्रथम संस्करण).
17. ग्रेवाल, डी. एस.: गुरु नानक ट्रेवल टू हिमालयन एण्ड ईस्ट एशियन रीज़नः अ न्यू लाइट—चाँदनी चौक, दिल्ली: नेशनल बुक शॉप, 1995.
18. चावला, हरबंस सिंह: बाबा बंदा सिंह बहादुर दे अंतले दिन—दिल्ली: सिख गुरुद्वारा प्रबंधक कमेटी, जून 1996.
19. चावला, हरबंस सिंह: श्री गुरु हरकृष्ण साहिबजी—दिल्ली: सिख गुरुद्वारा प्रबंधक कमेटी, 2005.
20. चावला, हरबंस सिंह: सरदार बघेल सिंह—दिल्ली: सिख गुरुद्वारा प्रबंधक कमेटी, 2001.

21. ज़ोहर, एस. एस.: द सिख गुरुस एण्ड देअर श्राइन्स—दिल्ली: विवक पब्लिशिंग कंपनी, 1976.
22. ढिल्लो, जी. एस.: इन्साइट्स इन्टू सिख रिलिजन एण्ड हिस्ट्री—चण्डीगढ़ : सिंह एण्ड सिंह पब्लिशर्स, 1991.
23. दाता, प्यारा सिंह: बंदा सिंह बहादुर—दिल्ली: नेशनल बुक शॉप।
24. दिलगीर, हरजिन्दर सिंह: डिक्शनरी ऑफ़ सिख फ़िलॉसफ़ी—सिख युनिवर्सिटी प्रेस, 2004.
25. दिलगीर, हरजिन्दर सिंह: द सिख रेफ़रेन्स बुक, 1997.
26. धर्म सिंह (सम्पादक): सिक्खिज़म एण्ड सेक्युलरिज़मः एस्सेस इन ऑनर ऑफ़ प्रो. हरबंस सिंह—नई दिल्ली: हरमन पब्लिशिंग हाउस, 1994.
27. पतवंत सिंह: द गुरु एण्ड द ग्रन्थ: ए व्यू थ्रू वर्ल्ड्स गुरुद्वारास—द ट्रिब्यून, 21 फ़रवरी, 1993.
28. फ़ॉलर, मर्व (सम्पादक): सिक्खिजम इन वर्ल्ड रिलिज़न्स—ससैक्स एकडेमिक प्रेस, 1997.
29. फ़ौजा सिंह: ट्रेवल ऑफ़ गुरु गोबिन्द सिंह—पटियाला: पब्लिकेशन ब्यूरो, पंजाबी युनिवर्सिटी, 1968.
30. बनर्जी, इंदुभूषण: इवोल्यूशन ऑफ़ द ख़ालसा, वॉल्यूम 1ः फ़ाउण्डेशन ऑफ़ सिख पन्थ—कलकत्ता: युनिवर्सिटी ऑफ़ कलकत्ता, 1936.
31. भट्टाचार्य, विवेक रंजन: सेक्युलर थॉट ऑफ़ द सिख गुरुस—दिल्ली: ज्ञान पब्लिशिंग हाउस, 1988.
32. मेहर सिंह: सिख श्राइन्स इन इंडिया—नई दिल्ली: पब्लिकेशन डिविजन, सूचना मंत्रालय, 1975.
33. वज़ीर सिंह: फ़िलॉसफ़ी ऑफ़ सिख रिलिज़न—नई दिल्ली: ई. एस. एस. पब्लिकेशन्स, 1981.
34. वर्मा, शरदचन्द्र: गुरु नानक एण्ड द लोगोस ऑफ़ डिवाइन मैनीफ़ेस्टेशन—दिल्ली: सिख गुरुद्वारा प्रबंधक कमेटी, 1967.
35. शमशेर सिंह : सिख फ़िलॉसफ़ी एण्ड स्पिरिचुअल लाईफ़—चाँदनी चौक, दिल्ली: नेशनल बुक शॉप, 1999.
36. शेर सिंह: फ़िलॉसफ़ी ऑफ़ सिक्खिजम—नई दिल्ली: स्टर्लिंग पब्लिशर्स, 1966.
37. सतनाम कौर: श्री बेसिस ऑफ़ सिख रिलिजिअस थॉट—दिल्ली: प्रगति पब्लिशर्स, 1997.
38. सरना, जे. सिंह: "इम्पोर्टेन्स ऑफ़ कीर्तन इन गुरमत" एस.सी.आइ., वॉल्यूम 32, नंबर 74, 1992.
39. सुडा, जे. पी.: रिलिजन इन इंडिया- अ स्टडी ऑफ़ देअर इसेन्शल यूनिटि—नई दिल्ली: स्टर्लिंग पब्लिशर्स, 1978.
40. हरबंस सिंह (सम्पादक): एन्साईक्लोपीडिया ऑफ़ सिक्खिजमः सेमीनार पेपर्स, वॉल्युम 4.—पटियाला: पंजाबी युनिवर्सिटी, 1998.
41. हरबंस सिंह: गुरु नानक एण्ड ओरिजिन्स ऑफ़ सिख फ़ेथ—नई दिल्ली: एशिया पब्लिशिंग हाउस, 1969.
42. हरबंस सिंह: द हेरिटेज ऑफ़ द सिख्स—नई दिल्ली: मनोहर पब्लिशर्स, 1983.
43. त्रिलोचन सिंह: चैप्टर्स ऑन हिस्टोरिकल सिख श्राइन्स इन दिल्ली, फ़ंडमेण्टल बिलीफ़्स ऑफ़ सिख रिलिज़न एण्ड टेन मास्टर्स—सीसगंज, दिल्ली: दिल्ली सिख गुरुद्वारा बोर्ड, 1972.

आभार

दिल्ली के ऐतिहासिक गुरुद्वारों का गहराई से अध्ययन करने का मेरा प्रयास शुरू से ही सिख विद्वानों, विशेष रूप से डॉ. जसपाल सिंह, सरदार कुलमोहन सिंह और डॉ. गुरदीप सिंह विर्दी के लगातार सहयोग से संभव हुआ। मैं उन सभी का तहे-दिल से आभार व्यक्त करता हूँ। मैं स्व. सुरिंदर सिंह जौहर, डॉ. हरबंस सिंह चावला, डॉ. परमवीर सिंह, डॉ. हरजिंदर सिंह दिलगीर, सरदार कुलविंदर सिंह और श्री अनूप अस्थाना को अपनी सहायता करने और बहुमूल्य सुझाव देने के लिए सादर धन्यवाद करता हूँ। मैं ग्रंथियों और संबंधित ऐतिहासिक गुरुद्वारों के सूचना अधिकारियों का धन्यवाद करना चाहता हूँ, जिन्होंने दिल्ली में जाँच-पड़ताल और अन्वेषण के दौरान मेरी कई तरीकों से लगातार सहायता की और सहयोग प्रदान किया। मेरे पास नियोगी बुक्स के प्रत्येक सदस्य द्वारा की गई सहायता और सहयोग के लिए आभार व्यक्त करने के लिए शब्द नहीं हैं, मैं सदैव उनका आभारी रहूँगा।

अनुक्रमणिका

(पृष्ठ 90 नीतिनाम-नितनेम
पृष्ठ 97)